JN113306

憲法・法学講義

【改訂版】

柏﨑　敏義

著

敬文堂

改訂版はしがき

　本書の初版が刊行されてから早くも9年が経った。この間、再婚禁止期間違憲判決をはじめとする多くの重要な憲法判例がでてきた。これらの判例を見て気がつくのは、日常生活に深く関わりのある問題が取り扱われていることであり、つまりは憲法がわたしたちの日常生活に根づいているということである。日常生活におけるある事柄について、最初から「憲法違反だ」と意識的に考える人は多くはないと思うが、「あれ、なんかへんだな」と思って考えを進めるうちに憲法違反であることに気がつく。憲法感覚が無意識のうちに身についていることの証である。

　ところが、いったん憲法政治に目を向けると風景がまったく変わる。たとえば安保法制の制定にみられる政治権力による憲法無視ではないのかという問題が提起されている。これらの評価の仕方は種々あるが、国民主権、基本的人権の尊重、平和主義という日本国憲法の基本原理の観点から慎重に判断しなければならない。

　改訂にあたり最新重要憲法判例を網羅し、実際に懸案となっている問題を取り上げた。憲法問題に向き合うとき大事なことは、政府が決めるのではなく、現実にいまを生きているわたしたちに何が必要なのかをわたしたちが考えて決めるということである。本書を手に取ったあなたに考えてもらいたい。

　最後に、今回も竹内基雄敬文堂社長には種々便宜を図って頂いた。厚く御礼申し上げる。

2022年3月

柏﨑　敏義

はしがき

　本書は、日本国憲法を体系的・概説的に明らかにするものである。執筆にあたっては以下の点に留意した。第一に、日本国憲法の概説書であるから、外国法への言及は必要最小限度にとどめた。第二に、判例を多く引証することにより生きた憲法問題を示し、現実との距離を縮めるよう努めた。説明にあたっては支配的見解を柱として憲法解釈を中心に記述した。

　大学の授業用のテキストとして編まれたものであるが、憲法をこれから習得しようとする学生のための入門書としても、また公務員試験や教員採用試験など種々の資格試験を志す学生にも大いに役立つものと考える。

　本書を読み、授業をよく聴きながら自分の考え方を模索して欲しい。憲法は国家の羅針盤である。国によって、時代によって、憲法の内容は異なる。だから、いまを生きる私たちにとって、なにが大事なことなのかを考える必要がある。正解は一つしかないわけではない。

　いまの憲政には憂慮すべき点があまりにも多すぎる。それを質すのはわれわれ国民の知徳である。

　このようなささやかな書物ではあるが、多くの業績から学ばせていただいた知見である。それらの引証を省略したがご寛容を乞う次第である。

　本書の刊行にあたり、竹内基雄敬文堂社長には大変お世話を頂いた。記して感謝する次第である。

　2013 年 3 月

柏﨑　敏義

<h1 style="text-align:center">〈目　次〉</h1>

法　学

【凡　例】

1．法令
　　引用する法令の略記は次の通りである。

数字のみ　　　　日本国憲法の条文
国　　　　国会法
内　　　　内閣法
裁　　　　裁判所法
公　　　　公職選挙法
自治　　　地方自治法

2．判例の引用方法は次の通りである。
最大判平 25・1・1　　　　最高裁判所平成 25 年 1 月 1 日大法廷判決

憲　法

1

憲法の意味

① 憲法と国家

　憲法は国家を基礎づける法である。国家とは、領土、人間、権力の三要素で構成されている。すなわち、一定の限定された地域をもとに、そこに定住する人間が、強制的統治権の下に法的に組織された社会をいう。

② 憲法の意味

　憲法という言葉にはいくつかの意味がある。まず、憲法という名称の成文法典を形式的意味の憲法といい、これに対し、成文憲法か不文憲法かに関わりなく、ある特定の内容を規定した憲法を実質的意味の憲法という。

　実質的意味の憲法はさらに次のように分けられる。権力の組織、作用、相互関係などを規律する規範を固有の意味の憲法という。この憲法はいかなる時代においても存在する。それに対し、人権の保障と権力の制限（権力分立）を内容とする規範を立憲的意味の憲法という。この趣旨は、フランス人権宣言16条「権利の保障が確保されず、権力の分立が定められていない社会は、すべて憲法をもつものではない」という規定に現されている。

③ 近代立憲主義憲法

　近代においてはロック、ルソーなどの啓蒙思想家の影響の下、

人間は生まれながらに自由かつ平等であり、人々が有する権力を社会契約によって政府に委任するが、権力の恣意的行使には抵抗権を有するという考え方が支持された。この考え方をとる近代という時代の憲法を近代立憲主義憲法という。立憲主義とは、権力のあり方やその行使を憲法に基づかせる考え方をいう。そして、この憲法の枠の中で民主的にものごとを決めるしくみを立憲民主主義という。

近代立憲主義憲法の特色は、第一に、個人の権利・自由を基礎づけ、国家権力を制限する法である。個人の尊厳の原理を核とし、憲法制定権力の保持者である国民によるコントロールを意味する（国民主権）。第二に、憲法は最高規範として国法秩序における最強の効力（98 条参照）を有する。

4 法の支配

近代立憲主義憲法の根底には、法の支配がある。法の支配とは、英米法において発展してきた考え方であり、人の支配を排除して権力を法で拘束することによって、国民の権利・自由の擁護を目的とする原理である（ブラクトン「国王は何人の下にもあるべきではない。しかし神と法の下にあるべきである。」）。

法の支配の内容として、①憲法の最高法規性、②権力によって侵されない個人の人権、③法の内容、手続の公正を要求する適正手続、④権力の恣意的行使をコントロールする裁判所の役割、を挙げることができる。

法の支配に類似するものに、法治国家がある。これはドイツにおいて発展してきた考え方である。国家作用の形式または手続を示すものにすぎないと批判されるが、戦後は、法律の内容的正当性も要求する「実質的法治国」思想が支配的である。

2

平和主義

① 日本国憲法の基本原理

　日本国憲法は基本原理として、国民主権、基本的人権の尊重、平和主義を掲げる。このうち国民主権と基本的人権の尊重は近代憲法の系譜であるが、平和主義は必ずしも近代憲法の原理ではない。この平和主義こそ日本国憲法を特色づける理念である。

② 平和主義の歴史・思想・運動・制度

　昔も今も人間の歴史は戦いの歴史であるといわれる。明治以降を振り返ると、戊辰戦争をはじめ原子爆弾による第二次世界大戦の終戦まで多くの戦いが繰り広げられてきた。このことは平和のためならば戦いはやむを得ないということを意味しない。

　このような現実を受けて、武器を取らない、他人を殺さないと考える考え方や、現実的な諸条件のなかで戦争のない世の中をつくっていこうと考える考え方など、平和思想が展開されてきた。現代において重要な課題は軍縮、そして核兵器の廃絶による平和への取り組みである。

　原水爆禁止運動などをはじめとする反核・反戦運動などは平和の実現に向けた運動である。

　このような思想・運動を一過性のものとしないためには、平和を構築するための取り組みが必要である。たとえば、「戦争の放棄に関する条約」（不戦条約、1928年）、国際平和機構（国際連盟、

国際連合）の創設などが行われてきている。そして、日本国憲法は特別の規定を設けて、国家の政策の手段としての戦争を放棄することを明示した。

③ 憲法上の平和主義

　前文第2段は、「平和のうちに生存する権利」いわゆる平和的生存権を規定する。この権利は、人権尊重のための最も基礎的な権利である。この権利を確保するために、前文第1段は、「政府の行為によって再び戦争の惨禍が起こることのないようにすること」を規定する。

　ところで、前文が憲法の一部分を構成する（法規範性がある）ことについては異論はない。問題は、裁判規範性が認められるかどうかである。学説、判例ともにこれを否定する説と肯定する説がある。下級審の判例では、平和的生存権が問題となった長沼事件第1審判決は平和的生存権を訴えの利益の根拠としており、裁判規範性を認めているといえる（札幌地判昭48・9・7）。

　平和的生存権の規定の意義は、憲法9条との関連で平和維持、戦争回避を国家に義務づけ、戦争を目的とした人権の制約を絶対に禁止することにある。したがって、軍事目的による土地の収用や表現の自由の規制は認められるべきではないし、軍事基地施設や軍隊の編成のための国家行為あるいは外国の戦争遂行に加担しこれを援助する国家行為などは平和的生存権を侵害する。

　戦争は、これまで国際紛争を解決する手段という名目の下で行われてきた。そこで、平和を求めるために9条は、①侵略戦争、制裁のための戦争、自衛戦争をすべて放棄し、国権の発動たる戦争、武力による威嚇または武力の行使を放棄し、②陸海空軍、その他の戦争遂行可能な組織を否定し、③国の交戦権を否定する。

　ところで、自衛権とはなにか。自衛権とは、国家が急迫不正の侵略を受けた場合に、その生存と安全を保つために必要やむを得ず実力を行使してその侵略を排除する権利をいう。一般的に国家は、国際法上自衛権を保持すると理解されている。9条は自衛権を否定していないと解されるが、戦争や武力の行使という形での自衛権は放棄している。戦力以外による自衛権の行使が模索されなければならない。砂川事件最高裁判決（最大判昭34・12・16）は、主権国としてもつ固有の自衛権および自衛のための措置をとることは国家固有の権能の行使として認められ、戦力とは、わが国が主体となってこれに指揮権、管理権を行使しうる戦力であるから、駐留軍隊は戦力ではないとした。

４ 平和主義に関する事件

㈠恵庭事件（札幌地判昭42・3・29）　自衛隊が管理する連絡用の通信線を切断したことが自衛隊法121条「防衛の用に供する物を損壊」したか否かが問われた事件で、裁判所は、「通信線が自衛隊の対外的武力行動に直接かつ高度の必要性と重要な意義をもつ機能的属性を有するものといいうるか否か、自衛隊の物的組織の一環を構成するうえで不可欠にちかいだけの枢要性をそなえているものと評価できるか否か、あるいは、その規模・構造等の点で損壊行為により深刻な影響のもたらされる危険が大きいと考えられるかどうか」などの点から、防衛の用に供するものにあたらないとした。

㈡長沼事件（札幌地判昭48・9・7：福島判決）　地対空ミサイル・ナイキの基地建設のための国有保安林指定解除の取り消しを求めた事件で、裁判所は、「陸、海、空各自衛隊は、憲法第9条第2項によってその保持を禁ぜられている「陸海空軍」と

いう「戦力」に該当するものといわなければならない。そしてこのような各自衛隊の組織、編成、装備、行動などを規定している防衛庁設置法…、自衛隊法…その他これに関連する法規は、いずれも同様に、憲法の右条項に違反し、憲法第98条によりその効力を有しえないものである」とした。

(ハ)砂川事件（東京地判昭34・3・30：伊達判決）　米軍立川飛行場拡張に反対する住民が飛行場に立ち入ったとして起訴された事件で、裁判所は、「わが国が外部からの武力攻撃に対する自衛に使用する目的で合衆国軍隊の駐留を許容していることは、指揮権の有無、合衆国軍隊の出動義務の有無に拘らず、日本国憲法第9条第2項前段によって禁止されている陸海空軍その他の戦力の保持に該当するものといわざるを得ず、結局わが国内に駐留する合衆国軍隊は憲法上その存在を許すべからざるものといわざるを得ないのである」とした。

(ニ)百里基地事件（最判平元・6・20）　自衛隊の基地建設を目的とした土地の売買契約の有効性が争われた事件で、最高裁は、「憲法9条の宣明する国際平和主義、戦争の放棄、戦力の不保持などの国家の統治活動に対する規範は、私法的な価値秩序とは本来関係のない優れて公法的な性格を有する規範である」としたうえで、「自衛隊は…法律に基づいて設置された組織であるところ、本件売買契約が締結された昭和33年当時、私法的な価値秩序のもとにおいては、自衛隊のために国と私人との間で、売買契約その他の私法上の契約を締結することは、社会的に許容されない反社会的な行為であるとの認識が、社会の一般的な観念として確立していたということはできない」とした。

3

国民主権、権力分立

1 国民主権

　国民主権とは、国政のあり方を最終的に決定する力が国民にあるという意味である。前文および1条は、「主権が国民に存する」ことを確認している。そのうえで憲法は、主権が「正当に選挙された国会における代表者を通じて」（前文）行使されるという、間接民主制を原則として採用する。これは、統治するものと統治されるものとの同一性を意味する民主主義を表すものである。間接民主制の例外として、最高裁判所裁判官の国民審査（79条）、憲法改正の際の国民投票（96条）、地方自治特別法に対する住民投票（95条）において直接民主制が採用されている。

2 国民主権の要素

　国民主権は、近代革命の成功によって君主から政治権力を奪い取り、国民が手にしたものである。国民主権には2つの要素が含まれている。権力的契機と正当性の契機である。

　権力的契機とは、国家の政治のあり方を最終的に決定するには、国民自身が権力を行使するというものである。したがって、この考えは直接民主制と結びつく。

　正当性の契機とは、国家権力による権力行使が正しいものであるとする根拠を、国民に求めるというものである。権力の源は国民にあるということである。

これは、現実の政治において議会や政府が「国民の名で」決めたという場合、本当は誰が何をどのように決めたのかというシンプルかつ難解な問題となる。立憲民主主義のあり方とあわせて考えることである。

③ 国民主権と国民代表

　フランスの1791年憲法は、「すべての権力は国民に由来する。国民は委任によってしかこれを行使できない」と規定していた。日本国憲法前文第1段においても、「日本国民は、正当に選挙された国会における代表者を通じて行動し、…ここに主権が国民に存することを宣言し、この憲法を確定する」と規定している。これは間接民主制の下、国民代表機関である議会によって政治が運営されることを意味する。

　問題は、「国民」とは誰かである。近代革命は市民（ブルジョア）によって遂行され、革命成功後の国家運営も彼らによって行われた。しかし、当時の全人口比で数％しかいないブルジョアだけが政治を決めることの正当性が必要になる。そこで、主権者は「ナシオン（国民）」であるが、ナシオンは抽象的な存在であるから政治権力を行使できないので、国民の代表によって国民の意思を現実のものとする。そのために議会が必要となる、という説明が登場する。これをナシオン主権（国民主権）といい、その代表観を純粋代表という。ちなみに、抽象的なナシオンに代わって国民代表を選ぶ具体的な人を限定する制限選挙がとられることになる。

　それに対し、19世紀中葉、労働者層が成熟するにつれ、政治の場面で普通選挙の実現が求められた。具体的な国民の声が登場してきたのである。国民を「プープル」と理解するプープル主権

（人民主権）である。この考えは直接民主制と結びつく。しかし憲法上は議会制が要請されていることから、議会に多くの国民の声を反映すべきであると主張されることで、純粋代表と直接民主制の中間形態としての半代表という観念が登場した。

④ 権力分立

　近代立憲主義憲法における統治機構は、国民主権の観点からだけではなく、権力分立という原理を取り込んで初めて機能する。権力分立は基本原理それ自体ではないが、基本原理を実行あらしめるための制度として不可欠のものである。

　権力分立とは、統治権を相互に独立する機関に担当させようとする原理であり、立法、行政、司法の三権に分けるやり方を三権分立という。根底には、権力を猜疑の目で見る視点がある。モンテスキューは『法の精神』で、「不断の経験の示すところでは、すべて権力を持つ者は、それを濫用しがち」であると指摘していた。

　この制度は、権力が一つの機関に集中しないように権力を分散させ、お互いの抑制と均衡（チェック・アンド・バランス）のもとで異なる機関に権力を担当させることによって権力の濫用を防止し（手段）、最も重要な国民の権利・自由を守ろうとするものである（目的）。自由主義的な政治組織原理である（なお、国民主権は民主主義（「人民の人民による政治」）の思想から派生した原理である）。

　日本国憲法は41条で国会を唯一の立法機関とし、65条で行政権は内閣に属するとし、76条で司法権は裁判所に属する、として権力分立制を定め、そして国会と内閣の関係については議院内閣制（7 **内閣**参照）を採用した。

4　天　皇

1 象徴天皇制

　明治憲法下では、天皇の地位は神聖不可侵であり、統治権の総覧者であった。しかし、日本国憲法は明治憲法の理念を完全に否定し、国民主権を採用し、天皇は「日本国の象徴であり日本国民統合の象徴」(1条)であるとする。象徴は、抽象的なものを具体的なものによって具象化する作用ないしはその媒介物と解される。したがって、天皇は君主、元首とは理解されない。

2 天皇の行為

Ｉ　国事行為

　天皇は国政に関与する権能を持たず、法的・政治的に効果のない儀礼的・形式的行為のみを行う(4条1項)。これを国事行為という。天皇はこの国事行為を単独ですることはできず、内閣の助言と承認を必要とする(3条)。内閣が助言と承認をすることにより、国事行為に対する責任は内閣の責任となる。したがって、天皇自身には責任はない。天皇には国事行為を拒否する権限は認められておらず、国民のために国事行為を行わなければならない。憲法は国事行為の種類として以下の事項を列挙する。

①内閣総理大臣の任命(6条1項)

②最高裁判所長官の任命(同2項)

③憲法改正、法律、政令、条約の公布(7条1号)

④国会の召集（同2号）

⑤衆議院の解散（同3号）

⑥国会議員の総選挙の施行の公示（同4号）

⑦国務大臣その他の官吏の認証（同5号）

⑧恩赦（大赦、特赦、減刑、刑の執行の免除）の認証（同6号）

⑨栄典の授与（同7号）

⑩批准書その他の外交文書の認証（同8号）

⑪外国の大使・公使の接授（同9号）

⑫儀式を行うこと（同10号）

　問題となるのは、憲法に規定のない行為を天皇がした場合に違憲となるのかどうかである。国会の開会式での「おことば」、外国の元首の接授、親書・親電の交換、国内巡行、外国訪問などである。学説は争いがあるが公的行為とする見解が一般的である。

2　天皇の権能の代行

　天皇が自ら国事行為をなしえないときの制度として、国事行為の委任（4条2項）と摂政（5条）がある。これらの場合も、国事行為を行うときは内閣の助言と承認が必要である。委任を受けた者および摂政は天皇自身ではないので、象徴の地位にはない。

　国事行為の委任は、「国事行為の臨時代行に関する法律」にしたがって、天皇は、国事行為を皇族に委任することができる。これは、天皇の意思にもとづく委任代理である。

　摂政は天皇に代わり天皇の名で国事行為を行う法定代理機関であり、天皇が成年（18歳）に達しないときまたは天皇に精神もしくは身体の重患、重大な事故があるときに、当然におかれる（皇室典範16条）。女性の皇族にも摂政就任の資格が認められている。

3　皇位の継承

　憲法 2 条は、「皇位は、世襲のもの」であるとする。世襲制は基本的には民主主義、平等原則に違反するものではあるが、憲法の認める例外と解される。皇位継承の原因は天皇の崩御のみであり生前退位は認められていないが、2017 年（平成 29 年）に特例として平成時代の天皇の生前退位が認められた。また、皇位継承は皇統に属する男系の男子のみであるが、女性天皇や女性宮家の創設などが議論されている。

❸ 皇室経済

　天皇・皇族の皇室財産は国有財産であり、国会のコントロールに服する（明治憲法下では、皇室の自律に任せられていた）。したがって、予算に計上される皇室費用（内廷費＝天皇、皇族の日常の費用その他内廷費用に充てるもの（御手元金）、宮廷費＝皇室の公的活動費に充てるもの（宮内庁で経理）、皇族費＝皇族の品位保持、皇族が初めて独立する際の一時金、皇族が身分を離れる際の一時金に充てるもの）、ならびに皇室からの財産の流出・皇室への財産流入には国会の議決が必要となる（8 条、88 条）。

❹ 天皇の基本的人権

　天皇も国民の一人として基本的人権を享有してはいるが、地位の特性（非政治的立場）から制約を受ける。

　個人の尊重、奴隷的拘束からの開放、思想良心の自由、信教の自由、学問の自由などは、保障されるが、政治的表現の自由、政党結成・加入、選挙権・被選挙権などは、認められない。

5 国会の組織・活動

1 国会の地位と構成

Ⅰ　国会の地位

（1）代表機関

　憲法はその前文で国民主権をあきらかにし、かつ代表民主制を採用する。さらに、43条1項は、衆議院・参議院ともに「全国民を代表する選挙された議員でこれを組織する」とし、このことによって国会は国民の代表機関たる性格が示される。ここで、「全国民を代表する」ということは、第一に、特定の党派や選挙区のみを代表するのではなく、ひとしく全国民を代表すること、第二に、選挙人から独立して（命令的委任の禁止）、全国民のために自己の良心に従って自由に活動できることを意味する。本来ならば国民と代表者（国会議員）との関係は法律的代表と理解され、国民は意思能力を有せず、議会の議決が国民の意思とみなされるはずである。しかし学説は、国民が意思能力を有しないとする考えに否定的であり、代表者の意思と被代表者（国民）の意思との法的結びつきを切り離し、政治的代表（国民主権原理にもとづく代表のあり方を純粋代表）として理解することによって、代表は自己の意思と良心に従って行動しうるとする。しかし日本国憲法の代表の理解は、国民の意思を代表の意思に反映させる必要があるとする社会学的代表（半代表）の意味も含まれると解されるべきである。

(2) 国権の最高機関

41条は、「国会は、国権の最高機関」であるとする。これは代表民主制の原理の現れであると解される。しかし、この規定の意味については学説が対立する。最高機関の意味を積極的に評価し、法的意味を付与する見解（統括機関説）がある。この説は、国民以外には、国会と並ぶあるいはその上に立ついかなる機関も認められないとして、国会は他の国家機関を統括する最高機関であるとする。それに対し、最高機関性の法的意味を否定し、国民の代表機関として、国政の中心的地位に立つ政治的重要性を指摘するにすぎないとする見解（政治的美称説）がある。また、国会は国政全般がうまく機能するように絶えず配慮すべきであるとする見解（最高責任機関説）もある。かつては、政治的美称説が通説といわれてきたが、いずれにしても、国民主権原理、権力分立原理等を前提として、内閣・裁判所もその担当領域においては最高機関であることや、衆議院の解散権、違憲立法審査権など他の機関との関係も考慮すべきである。

(3) 唯一の立法機関

41条は、国会は「国の唯一の立法機関」であるとする。まず、「立法」の意味については、国会がその手続に従って法律を制定するという形式的意味の立法のみならず、法の内容が国民を規律する一般的・抽象的法規範の制定であるとする実質的意味の立法をおこなうことであると解される。

「唯一」の立法機関とは、国の立法権を独占すること（国会中心立法の原則）、立法は国会の議決のみで成立すること（国会単独立法の原則）を意味する。これは、明治憲法下では緊急勅令や独立命令が存在し、また立法権が天皇と帝国議会との協力によっておこなわれていたことを排除しようとしたものである。しかしこ

れらはあくまで原則であり、その例外が広範に認められている。国会中心立法に対しては、議院規則（58条2項）、政令（73条6号）、最高裁判所規則（77条1項）、条例（94条）があり、国会単独立法に対しては、地方自治特別法の住民投票（95条）、憲法改正の際の国民投票（96条）がある。現実においても、行政国家化に伴い、内閣の法律案提出の増大（内閣の法律案提出権については、現実に国務大臣のほとんどが国会議員であること、法律案の最終的な議決権は国会にあること、などから通説も肯定する。）、委任立法の増大などがみられ、唯一の立法機関としての国会の機能は衰退しているかのようにみえる。

2　国会の構成

(1) 二院制

42条は、「国会は、衆議院及び参議院の両議院でこれを構成する」と規定する。この二院制の趣旨は、各議院の組織、権能に相違をもたせ、一院制における過激化、横暴を防止し、慎重な審議ができるようにし、また民意を正確に反映させるという点にある。両議院の組織上の相違は次の点にみられる。

(a)**定数**　衆議院議員465人（小選挙区選出議員289人、比例代表選出議員176人）、参議院議員245人（比例代表選出議員98人、選挙区選出議員147人）（公選法4条）。

(b)**任期**　衆議院議員4年、解散されたとき任期は終了する（45条）、参議院議員6年、3年ごとに議員の半数を改選する（46条）。

(c)**被選挙権**　衆議院議員満25歳以上、参議院議員満30歳以上（公選法10条）。

(d)**両議院の議員の兼職の禁止**（48条）

これらは、衆議院の民主制、参議院の安定性を保障するものであると考えられているが、近時、選挙の回数を重ねるごとに参議院の政党化傾向が顕著になり、衆議院に対する抑制機能が失われるにつれ参議院の存在意義が疑問視されている。

(2) 衆議院の優越

　憲法は二院制を採用すると同時に、衆議院に第一院的性格を与え、衆議院の優越を原則としている。これは跛行的二院制と呼ばれる。衆議院の優越は次の点にみられる。

　(a)**権限の優越**　　予算先議権（60条1項）、内閣不信任決議権（69条）

　(b)**議決の優越**　　法律案の議決（59条2項）、予算の議決（60条2項）、条約の承認（61条）、内閣総理大臣の指名（67条2項）

　(c)その他、会期の決定および会期延長の場合にも衆議院の優越が認められる（国13条）。

❷ 国会の活動

Ⅰ　活動上の原則

　国会は衆議院と参議院から構成され、活動においては次の原則を前提とする。

　(a)**同時活動の原則**　　両議院は、同時に召集、開会、閉会される。また、衆議院が解散されたとき参議院は閉会となる。この原則の例外として、参議院の緊急集会がある（54条2項）。

　(b)**独立活動の原則**　　両議院はそれぞれ独立した組織をもち、独立して議決する。この原則の例外として、両院協議会の開催がある（59条3項、60条2項、61条）。

2 国会の開閉

(1) 会 期

国会は常に活動するのではなく、一定の期間だけ開会して活動する。この期間を会期という。国会は会期ごとに独立して活動し、会期中に議決に至らなかった案件は、後会に継続しないことを原則とする（国68条）。これを会期不継続の原則という。しかし、常任委員会および特別委員会は、各議院の議決で特に付託された案件（懲罰事犯も含まれる。国121条の2）については、閉会中もこれを審査することができる（国47条2項）。

(2) 会期の種類

会期には次の三種類があるが、活動内容、活動能力は同じである。

(a)**常 会**　常会は、毎年一回召集される（52条）。毎年1月中に召集され、会期は150日である（国2条、10条）。なお、会期中に議員の任期が満限に達したときは、その満限の日に会期は終了する（国10条）。

(b)**臨時会**　臨時会は、臨時の必要に応じて召集される。召集は原則として内閣が決定するが、いずれかの議院の総議員の4分の1以上の要求があれば、内閣は臨時会の召集を決定しなければならない（53条、那覇地判令2・6・10参照）。また、衆議院の任期満了による総選挙および参議院の通常選挙が行われたときは、その任期が始まる日から30日以内に召集されなければならない（国2条の3。任期の起算については公選法256条、257条）。

(c)**特別会**　特別会は、衆議院の解散による総選挙後に召集される。衆議院が解散されたときは、解散の日から40日以内に総選挙を行い、その選挙の日から30日以内に特別会が召集される（54条1項）。しかし、特別会と常会の時期が重なるときは併せて

召集できる（国2条の2）。

　なお、臨時会と特別会の会期は、両議院一致の議決で定める（国11条）。

　(3) 召　集

　召集とは、国会の会期を開始させ、国会に活動能力を与える行為をいう。召集は、内閣の助言と承認のもとで天皇が行う（7条2号）。また、議員による臨時会の召集請求があった場合、内閣は召集の法的義務を負うが、その際内閣は召集の期日・期限の指定に拘束されるかという問題では、現実には内閣は拘束されないと解されている。

　(4) 休　会

　国会または各議院が、会期中、自律的に活動を休止することを休会という。国会の休会には両議院一致の議決を必要とし、また各議院の休会は10日以内である（国15条）。

　(5) 会期の延長

　会期の延長は両議院一致の議決で延長することができる。ただし、議決には衆議院の優越が認められる。延長は、常会で1回、臨時会および特別会では2回まで認められる（国12条、13条）。

3　会議の諸原則

　憲法は、国会の活動の能率化、正常な運営がなされるために、一定の手続を定める。

　(1) 定足数

　定足数とは、会議体が議事を開き、議決をするのに必要とされる一定の出席者数をいう。憲法は、両議院の本会議の定足数を各議院の総議員の3分の1以上とする（56条1項）。ここで、「総議員」の意味について、それを現在議員数とする説と、法定議員数

とする説の対立があるが、両議院の先例は法定議員数を意味すると解している。

　56条の例外として、①委員会の議事・議決の定足数は、委員の半数以上（国49条）、②両院協議会の議事・議決の定足数は、協議委員の各々3分の2以上（国91条）、③憲法改正発議は、各議院の総議員の3分の2以上の賛成で行われる（96条）が、これは議決についての定足数であり、議事の定足数については56条と同様に3分の1以上と解される（ただし、3分の1の出席では総議員の3分の2の賛成は得られない）。

　定足数を欠いた議事または議決は、無効とされる。なお、定足数を欠いた議事については後に裁判所で争うことはできないと解されているが、議決については争いがある。

(2) 議決方法

　会議体の議決方法として多数決原理が採用され、憲法は、特別の定めのある場合以外は、出席議員の過半数で議事を決すると定める（56条2項）。過半数が得られず、可否同数の時は議長の決するところによる。なお、「出席議員」の中に、棄権、無効票、白票を含めるかどうかについては、通説・先例は含めると解している。

　憲法に特別の定めのある場合とは次の場合である。

①出席議員の3分の2以上の多数を要するもの

　（ⅰ）議員の資格争訟裁判で議員の議席を失わせる場合（55条）

　（ⅱ）秘密会を開く場合（57条1項）

　（ⅲ）議員を除名する場合（58条2項）

　（ⅳ）法律案を衆議院で再議決する場合（59条2項）

②総議員の3分の2以上を要するもの

　　憲法改正を発議する場合（96条）

(3) 一事不再議

憲法上の明文はないが、同一会期中は、一度議決した問題は再び審議しないという、一事不再議の原則が認められている（参照：明治憲法39条「両議院ノ一ニ於テ否決シタル法律案ハ同会期ニ於テ再ヒ提出スルコトヲ得ス」）。

(4) 会議の公開

議会制の重要な原則として、憲法は、両議院の会議を公開とする（57条1項）。公開の意味は、傍聴の自由、報道の自由を意味する。しかし、出席議員の3分の2以上の多数で、秘密会を開くことができる。両議院は各々その会議の記録を保存し、秘密会の記録の中で特に秘密を要すると認められるもの以外は公表し、一般に頒布しなければならない（57条2項）。また、出席議員の5分の1以上の要求があれば、各議員の表決も会議録に記載しなければならない（57条3項）。

なお、秘密会にはその議院の議員しか出席できない。議院に出席する権利をもつ国務大臣や政府委員も、その議院の許可がない限り出席できない。

(5) 国務大臣の議院への出席

議院内閣制の当然の帰結として、国務大臣の議院出席が定められている（63条）。国務大臣が議員であるかどうかは関係ない。また出席できるのは国務大臣のみならず、これを補佐する内閣官房副長官、副大臣及び大臣政務官、ならびに政府特別補佐人（人事院総裁、内閣法制局長官、公正取引委員会委員長及び公害等調整委員会委員長）も認められている（国69条）。

4　衆議院の解散

(1) 解散の意味

　衆議院における解散とは、衆議院議員すべてに任期満了前にその議員たる地位を失わしめることをいう。解散は、参議院には認められていない。会期中に解散がなされたときは、参議院は同時に閉会となる（54条2項）。解散は、内閣の助言と承認のもとで天皇が行い（7条3号）、解散の日から40日以内に総選挙が行われ、選挙の日から30日以内に国会（特別会）が召集される（54条1項）。国会が召集されたときには、内閣は総辞職しなければならない（70条）。以上によって、新たな代表関係が形成され、民意が反映されることになる。

(2) 解散権の主体

　解散は、内閣の助言と承認を得て行われる天皇の国事行為とされている（7条3号）。しかし、天皇のこの行為は形式的な行為であって、衆議院の解散を宣示するにすぎないと解される（形式的解散行為）。天皇は国政に関する権能を有しないことから、実質的解散権は内閣に属する。

　実質的解散権が内閣にあることには異論がないが、その憲法上の根拠では学説が分かれる。①7条を引用して、天皇への助言と承認の中に実質的決定権があるとする説（7条説）、②解散は69条の場合にのみ認められるから、内閣が解散権の主体であるとする説（69条説）、③解散は立法でも司法でもない以上、行政の領域であるとする説（65条説）、④権力分立や議院内閣制など、憲法全体の趣旨からみる説（制度説）がある。またそのほかに、⑤国民主権や国会の最高機関性などを理由として、衆議院自身も自ら解散することができるとする見解（自律解散説）もあるが、未だ少数説にとどまっている。

上述いずれの学説に立っても注意しなければならないのは、解散権の主体（すなわち、衆議院を解散する権限を誰が持っているのか）は内閣であるということである。衆議院を解散するのは"内閣総理大臣の専権"であるとか"伝家の宝刀"という表現が用いられる場合があるが、憲法解釈と政治過程を区別しなければならない。

(3) 解散しうる場合

　解散の行われる場合として69条は、「内閣は衆議院で不信任の決議案を可決し、又は信任の決議案を否決したとき」と定める。しかし、この規定以外に定めるところがないことから、69条説は解散の行われる場合を69条に限定する。これに対し一般的には、69条は内閣の総辞職に関する規定であり、解散の行われる場合を限定した規定ではないとする理由から、解散は69条に限られないと考えられている。したがって、69条の場合以外にも、国政の重要問題に際し民意を問う必要が生じたときにも解散が行われるとされる。いままでに行われた解散のほとんどがこの立場で行われ、特に7条を根拠にした解散（7条解散）が行われている。

　衆参同日選挙が解散権行使の範囲に含まれるか否かが問われた事件で裁判所は、総選挙の期日の決定は政治的判断事項ではあるが、内閣の自由裁量権に属するからといって、それだけで司法審査の対象となしえないものということはできないとした（名古屋高判昭62・3・25）。

5　参議院の緊急集会

　衆議院が解散されたときは、参議院は同時に閉会となる。このとき、次の国会が召集されるまでの間に国に緊急の必要があると

きは、内閣は参議院の緊急集会を求めることができる（54条2項）。議員に緊急集会の要求権はない。「国に緊急の必要があるとき」とは、総選挙後の特別国会を待てないほど差し迫った必要性がある場合をいう。

　緊急集会には、天皇の召集はない。内閣が緊急集会を求めるには、集会の期日、案件を示して、参議院議長に請求する。議長はこれを議員に通知し、議員は指定された期日に集会する（国99条）。緊急集会の会期の定めはなく、緊急の案件がすべて議決されたときに終了する（国102条の2）。

　参議院は、緊急集会において国会の機能を果たすのであるから、法律、予算の議決など国会の権能に属する一切の権能を行いうる。しかし、議案の発議権は原則として内閣のみに属し、議員は案件に関連のあるものに限り発議できる（国101条）。また、緊急の必要のある場合に限定されて集会するので、憲法改正の発議、内閣総理大臣の指名は行うことができない。内閣不信任決議のような、衆議院にのみ与えられている権能も行うことはできない。

　この緊急集会で採られた措置は臨時のものであるから、次の国会開会後10日以内に衆議院の同意を得なければならない（54条3項）。同意を得られないときは効力を失うが、それは将来に対して効力をもたないと解される。

　緊急集会中の参議院議員は、案件に関してのみ議案を発議し、質疑することができる。また、議員には免責特権や不逮捕特権も認められる（国100条）。

6

議会の権能、国会議員の地位

① 国会の権能

Ⅰ 法律の制定

法律の制定は、発議→審議→議決→署名→公布の手続となる。

(1) 法律案の発議

発議権は次のものがもつ。①議員については、衆議院では20人以上、参議院では10人以上の賛成を要する。予算を伴う場合は、それぞれ50人以上、20人以上の賛成を要する（国56条1項）、②委員会（国50条の2）、③議院（国60条）、④内閣（内5条）。

(2) 審　議

議院に法律案が提出された場合、議長はこれを委員会に付託し、その審議を経て本会議に付する（国56条2項）。

(3) 議　決

両院の可決を原則とする（59条1項）。例外は次の場合である。①衆議院で可決した法律案に対して、参議院がこれと異なる議決をしたとき（59条2項）、または国会休会中を除き60日以内に参議院が議決をしないとき（59条4項）は、衆議院で出席議員の3分の2以上の多数で再び可決したときは法律となる（衆議院の優越）。②参議院の緊急集会で法律案が可決されたとき（54条）。③地方自治特別法の制定の際、国会の議決のほかに当該地方公共団体の住民投票で過半数の同意を得たとき（95条）。

2　予算の議決

　財政は国会の議決に基づいて行われることを原則とする（83条）が、その主要なものが予算である。予算の作成・提出は内閣に専属する権限であり（73条5号）、その予算は先に衆議院に提出されなければならない（衆議院の予算先議権）。国会の議決は両院の可決を原則とする。例外として、参議院が衆議院と異なった議決をした場合に、両院協議会を開いても意見が一致しないとき、または参議院が予算を受け取った後、国会休会中を除いて30日以内に議決をしないときには、衆議院の議決を国会の議決とするという衆議院の優越が認められる（60条2項）。なお、予算と法律とは異なる扱いがなされている（8 **財政**参照）。

3　条約の承認

　条約は内閣の締結と国会の承認により成立する。国会の承認は原則として事前に行われることを要するが、やむを得ない場合には事後になされることを要する（61条、73条3項）。国会の承認に際しては衆議院の優越が認められる（**予算の議決**参照）。なお、事前に承認が得られないときは条約締結はできないことになるが、条約締結後に国会の承認が得られない場合の条約の効力について議論がある。一般的には、条約は無効となると解される。

4　内閣総理大臣の指名

　内閣総理大臣は国会議員の中から、国会の議決で指名される（67条）。指名に際しては、衆議院と参議院が異なった指名の議決をした場合に、両院協議会を開いても意見が一致しないとき、または衆議院が指名した後、国会休会中を除いて10日以内に参議院が議決をしないときには、衆議院の議決を国会の議決とすると

いう衆議院の優越が認められる（67条2項）。

5　弾劾裁判所の設置

弾劾裁判所は国会の両議院の議員の中から選挙された同数の裁判員で組織され（裁判官弾劾法16条1項は各7名と規定する。74頁②公の弾劾による場合参照）、国会とは別個の独自の機関として裁判を行う（64条）。弾劾裁判所は、特別裁判所を禁止する憲法の認める例外である。憲法は、司法権の独立と裁判官の身分保障を認めながらも、公の弾劾による罷免を認めるのである（78条）。弾劾による罷免事由は、①職務上の義務に著しく違反し、または職務を甚だしく怠ったとき、②その他職務の内外を問わず、裁判官としての威信を著しく失うべき非行があったときである（裁判官弾劾法2条）。罷免の裁判をするには、衆議院議員・参議院議員各10人からなる訴追委員会が罷免の訴追をしなければならない（裁判官弾劾法15条1項、国126条1項）。

6　その他の機能

その他に、憲法上認められた権能として、憲法改正の発議（96条）、皇室財産についての議決（8条）、一般国務および外交ならびに財政について報告を受ける権利（72条、91条）などがある。また、法律上認められている権能として、緊急事態の布告の承認（警察法74条1項）、自衛隊の防衛出動・治安出動の承認（自衛隊法76条1項、78条2項）など広範にわたり認められている。

7　両院協議会

議案の審議・議決において、衆議院と参議院の間で意見の対立がある場合に両院協議会が設けられ、意見の調整・合致がはから

れる。これは、両議院の独立活動の原則の例外とされる。この両院協議会は、予算の議決、条約の承認、内閣総理大臣の指名、の際には必ず開かれなければならず（必要的両院協議会）、開催を求められた議院はこれを拒むことはできない（60条2項、61条、67条2項、国85条、86条、88条）。しかし、法律案の場合は、その開催は衆議院の裁量に任される（任意的両院協議会については59条3項、国84条）。両院協議会で得られた成案は、開催を求めた議院で審議した後他の議院に送付するが、その成案に対しては修正をすることはできない（国93条）。

② 議院の権能

　国会の権能は、衆議院と参議院の一致によって行われるが、各議院にはそれぞれの議院にのみ認められる権能がある。これらの権能は両議院に共通するところが多いが、行政権・司法権から独立して権能を行使する。

Ⅰ　国政調査権

(1) 意　味

　各議院が国会の最高機関性を発揮し、立法権その他国政一般に関する権能を行使するために、正確な情報を集める必要がある（62条）。このことから、国政に関する調査を行うのは当然のことと理解される。明治憲法下においても各議院は国政調査権をもつものとされていたが、実際上は法律などにより制限されていた。

(2) 本　質

　国政調査権の本質については争いがある。一般には、議院が権能を有効に行使するための補助的権能であると解されている（補助的権能説）。これに対して、最高機関としての国会は国政の中

心的な地位を占め、国権の統括という任務を遂行するための独立の権能であるとする説がある（独立権能説）。しかし、補助的権能説にたっても調査権の範囲がほとんど国政全般にわたることを認め、また独立権能説にたっても他の機関の作用や人権との関係を考慮するものであり、実際には両説の相違はそれほど大きなものではないと考えられている。

(3) 調査の主体

調査の主体は各議院であるが、実際には常任委員会ないし特別委員会において行使されるのが通常である。

(4) 調査の方法

調査の方法について、「証人の出頭及び証言並びに記録の提出」が認められており、また、調査のために議員を派遣することが認められている（国103条）。他の強制手段を設けることは許されない。ただし、正当な理由がなく出頭せず、要求された書類を提出せずあるいは出頭した証人が宣誓・証言を拒否したときは処罰の対象となる（議院における証人の宣誓及び証言等に関する法律7条）。

(5) 限　界

このような調査権にも限界がある。第一に、議院の権能と無関係のものや、個人のプライバシーなどについては調査権は及ばない。第二に、行政権との関係では、内閣は国会に対して責任を負う以上、調査権は行政一般に対して行われる。ただし、議院における証人の宣誓及び証言等に関する法律（議院証言法）は調査権の行使にあたっての限界を設けている（議院証言法5条）。第三に、司法権の独立は侵されてはならない。したがって、具体的事件において事実認定や量刑等の裁判内容の調査や、裁判官の法廷指揮を調査することはできないと解される。

検察権の行使との併行調査が問題となったロッキード事件日商岩井ルート事件で、「行政作用に属する検察権の行使との並行調査は、原則的に許容されているものと解するのが一般であり、例外的に国政調査権行使の自制が要請されているのは、それがひいては司法権の独立ないし刑事司法の公正に触れる危険性があると認められる場合（たとえば、…（イ）起　訴、不起訴についての検察権の行使に政治的圧力を加えることが目的と考えられるような調査、（ロ）起訴事件に直接関連ある捜査及び公訴追行の内容を対象とする調査、（ハ）捜査の続行に重大な支障を来たすような方法をもつて行われる調査等がこれに該ると説く見解が有力である。）に限定される」とした（東京地判昭 55・7・24）。

2　議院の自律権

各議院はその組織、活動、内部事項について、行政権、司法権、他の議院から干渉を受けることなく自主的に決定する権能を有する。

(1) 議院の規則制定権

両議院は、「その会議その他の手続及び内部の規律に関する規則」を定めることができる（58 条 2 項）。議院規則は各議院が制定する内部規律であり、その効力は議院内部に限定される。ただし、議院内部においては、国務大臣、公述人なども拘束される。議院規則には、衆議院規則、参議院規則、参議院緊急集会規則、及び両院協議会規程などの規定も含まれる。規則と法律との関係については、一般には法律が優位すると解されている。

(2) 議員の資格争訟

選挙に関する選挙争訟、当選争訟は裁判所の権限であり、議員の資格に関する資格争訟を議院の権能とする（55 条）。この権能

は議員の自律性を保障すると同時に、司法裁判所には属さないものである（76条参照）。議員の資格は、44条により法律で定めるものとされており、被選挙権があること、議員の兼職禁止に違反していないことが要件とされている。

　争訟は、各議院の議員から文書で議長に提起し、委員会の審査を経た後本会議で議決する（国111条）。議決には出席議員の3分の2以上の多数を要する（55条）。この議院の議決による裁判（資格争訟）に対しては、司法裁判所への提起はできないと解される（裁3条1項参照）。

(3) 議員の懲罰

　両議院は、「院内の秩序をみだした議員を懲罰することができる」（58条2項）。これは国会の自律性の保障であり、特定の身分を有する者への制裁であって、公務員の懲戒に類する。したがって、議員のみならず、国務大臣にも及ぶ。「院内」の意味については、必ずしも議事堂内に限らないと解される。懲罰の種類には、公開議場における戒告、公開議場における陳謝、一定期間の登院停止、除名がある（国122条）。とくに除名については、出席議員の3分の2以上の多数による議決を要する。議員の懲罰に対しては、司法審査は及ばないと解される。

(4) 役員選任権

　両議院は、議長その他の役員を選任する（58条1項）。これは議院内部の自律性、独立性を保障するものである。役員には、議長、副議長、仮議長、常任委員長、事務総長がある（国16条）。役員はいずれも議員から選出されるが、事務総長だけは議員以外の者である。

(5) その他

①両院共通の権能として、議員を逮捕する際の議院の許諾（50

条、国会法33条）、秘密会（会議公開の停止）の議決（57条1項但書）、国務大臣の出席要求権（63条）、②衆議院のみの権能として、内閣不信任決議権（69条）、緊急集会の措置に対する同意権（54条3項）、③参議院のみの権能として、緊急集会の開催（54条2項）などがある。

③ 国会議員の地位と権能

Ⅰ　議員の地位の得喪

（1）取　得

国会議員の地位の取得は選挙による。したがって、明治憲法下の勅撰議員のようなものは認められない。

（2）喪　失

議員の地位の喪失には次の事由がある。第一に法律上当然に地位を失う場合として、①任期満了、②議員が他の議院の議員になったとき（国108条）、③議員が被選挙資格を失ったとき（国109条）がある。第二に特別の行為により地位を失う場合として、①辞職（国107条）、②除名（58条2項）、③資格争訟の決定（55条）、④選挙に関する争訟の判決によって選挙または当選が無効とされたとき、⑤衆議院の解散がある。

2　議員の特権

議員は、全国民の代表者として十分にその職責を果たせるように、以下の特権が認められる。

（1）不逮捕特権

50条は、「両議院の議員は、法律の定める場合を除いては、国会の会期中逮捕されず、会期前に逮捕された議員は、その議院の要求があれば、会期中これを釈放しなければならない」と定め

る。これは、政治権力による議会への介入、議員活動の遂行の妨げから、議員の身体の自由を保障するものである。逮捕とは、刑事訴訟法上の逮捕、勾引、勾留にとどまらず、広く公権力による身体の自由の拘束をいう。

不逮捕特権は会期中逮捕されないことであり、訴追は含まれない。会期中には、参議院の緊急集会の期間も会期に準じて扱われ、同様の特権が与えられる（国100条）。しかし、国会閉会中の委員会での審議は会期中に含まれず、特権は認められない。

ところで、「法律の定める場合」には逮捕できるとされる。その場合とは、①院外における現行犯罪の場合、②会期中でもその院の許諾のある場合である（国33条）。

期限付の逮捕許諾が問題となった事件で裁判所は、「適法にして且必要な逮捕と認める限り無条件にこれを許諾しなければならない。随つて議員の逮捕を許諾する限り右逮捕の正当性を承認するものであつて逮捕を許諾しながらその期間を制限するが如きは逮捕許諾権の本質を無視した不法な措置と謂はなければならない」とした（東京地決昭29・3・6）。

(2) 免責特権

51条は、「両議院の議員は、議院で行つた演説、討論又は表決について、院外で責任を問はれない」と定める。議員が議院内で職務を遂行し、国政の審議を十分に行わしめるために言論の自由を保障するものである。最高裁は、「国会議員が国会で行った質疑等において、個別の国民の名誉や信用を低下させる発言があったとしても」責任を負わないとした（最判平成9・9・9）。

この特権を認められるのは議員のみであり、国務大臣の発言は含まれない。免責を受ける行為は、「議院で行つた」行為であるが、必ずしも議事堂に限られず、議員が職務上行う行為であれ

ば、地方公聴会なども含まれる。また、「院外で責任を問はれない」とは、第一に、民事上、刑事上の責任、公務員の懲戒責任を意味する。したがって、そのほかに政党や組合などに対する責任は憲法の保障とは関係がない。第二に、院内での責任は免責特権に含まれない。議員の懲罰（58条2項）が認められ、無礼の言・他人の私生活にわたる言論を禁じたり、あるいは侮辱を受けた議員は議院に訴えて処分を求めることができる（国119条、120条）。

(3) 歳費を受ける権利

議員は、「法律の定めるところにより、国庫から相当額の歳費を受ける」（49条）。歳費とは、議員の受ける報酬であり、その額は、「一般職の国家公務員の最高の給料額より少なくない歳費を受ける」（国35条）ものとされる。その他、旅費、文書通信交通滞在費、期末手当などが支給される。

3　議員の権能

議員は所属議院の活動をするために、次の権能を有する。

（a）**発議権**　議員は議案の発議権を有し、また修正動議を提出できる。ただし、予算（修正を除く）、条約、皇室関係の財産の授受については議員に発議権はなく、内閣に属する。

（b）**質問権**　議員は、現在の議題とは関係なく、内閣に対して質問することができる。質問には、一般質問と緊急質問がある（国74条）。

（c）**質疑権**　議員は、現在議題となっている議案について、発議者、国務大臣、委員長などに対して疑義をただすことができる（例：衆議院規則118条）。

（d）**討論権**　議員は、議題となっている議案について賛否の

討論をすることができる。

(e) **表決権**　議員は、本会議、委員会などで表決に加わることができる。

(f) **その他**　国会召集を要求する権利（53条）、表決の会議録記載要求権（57条3項）などがある。

7　内　閣

1　内閣の地位と性格

I　行政権の帰属

(1) 行政権の主体

　明治憲法のもとでは行政権は天皇に属し、国務大臣は天皇を輔弼する機関にすぎなかった。また、内閣の法的根拠は明治22年の内閣官制であり、憲法には国務大臣についての規定があるだけで、内閣についてはまったく規定されていなかった。これに対し、日本国憲法は、「行政権は内閣に属する」(65条)と定めて、内閣が行政権の主体であることを明らかにしている。

(2) 意　味

　ここにいう「行政権」とは、すべての国家作用のうちから立法作用と司法作用を除いた残りの作用をいう（この説明を控除説あるいは消極説という）。

　行政権が内閣に帰属するといっても、それはあらゆる行政事務を内閣が自ら行うことを意味するものではない。内閣は唯一の行政機関ではなく、またすべての行政権が内閣に属するわけでもない。行政権は、実際には、個々の行政機関が行使するのであって、内閣は、行政各部を指揮監督し、その全体を統轄する地位にある、最高の行政機関なのである。したがって、内閣から組織的、機能的に完全に独立した行政機関を設置することは許されない。

(3) 独立行政委員会

ここで問題になるのが、人事院、公正取引委員会、国家公安委員会、中央労働委員会などの、内閣から独立して活動している行政機関、いわゆる独立行政委員会が65条に違反するかどうかである。行政委員会の制度は、戦後の民主化の過程において、政党などによる直接的な政治的圧力を受けない中立的な行政を確保する目的で、アメリカの例にならって導入されたものである。その特徴は、①職権行使につき内閣から独立している、②委員の身分が保障されている、③通常の行政作用を行うほかに、規則制定などの準立法的権限や、不服申立の裁決などの準司法的権限を有する、という点にある。行政委員会の存在については、学説の多数は、行政の民主的運営に資するものであり、合憲であると解している。その主な理由は、①内閣がすべての行政について指揮監督権をもつことを憲法は要求していない、②委員の任命権や予算権が内閣や内閣総理大臣にあり、行政委員会に対して内閣の適度なコントロールがある、③国会に対して業務の状況などについて報告する義務があり、国会のコントロールが予定されている、などである。

2 議院内閣制

憲法は、明文規定はないが、議院内閣制を採用していると解されている。議院内閣制とは、議会と内閣とが分立しつつも、内閣は議会の信任に依拠して存在し、他方内閣は議会の解散権をもつことにより、議会と内閣の間に連携と抑制の相互関係を保持しようとするものである。わが国が議院内閣制を採用していることは、次の規定から明らかである。

①内閣は国会に対して連帯責任を負う（66条3項）

②内閣総理大臣は国会議員の中から選任される（67条1項）

③国務大臣の過半数は国会議員でなければならない（68条2項）

④国務大臣は国会に出席し、発言することができる（63条）

⑤衆議院は内閣に対して不信任決議をすることができ、それに対して内閣は衆議院を解散することができる（69条）

② 内閣の組織

Ⅰ　内閣の構成

(1) 組　織

内閣は、その首長たる内閣総理大臣とその他の国務大臣から組織される合議制の機関である（66条1項）。憲法は、内閣構成員の数についてはとくに規定せず、「法律の定めるところ」（66条1項）に委ねており、それを受けて内閣法は「国会の指名に基づいて任命された首長たる内閣総理大臣及び内閣総理大臣により任命された国務大臣」で組織すると規定する。国務大臣の数は、14人以内であるが、特別に必要がある場合においてはその数を増加することができる（内2条）。

(2) 閣　議

内閣の意思決定は、その構成員の合議によって行われる。この合議のための会議を「閣議」という。内閣はこの閣議による決定に基づいて職権を行使する（内4条1項）。閣議は非公開であり、また閣議決定は全員一致の方法で行われる。これは、合議体としての内閣の統一性を確保するためであり、閣議決定にあくまで反対の閣僚がいる場合には、内閣総理大臣はこれを罷免することができる（68条2項）。

2 大臣の要件

憲法は、内閣の構成員の資格について次のことを定めている。

(1) 文 民

内閣総理大臣及びその他の国務大臣は、すべて文民でなければならない（66条2項）。「文民」の意味については、9条との関係で解釈の対立があるが、①現在職業軍人でない者、②職業軍人の経歴のない者、③過去及び現在にわたって職業軍人でない者、との3つの解釈が成り立ちうる。政府解釈は、「旧陸海軍の職業軍人の経歴を有するものであって軍国主義的思想に深く染まっている者あるいは自衛官の職にある者以外の者をいう」とする。この文民条項は、シビリアン・コントロールの徹底を図るという意義がある。

(2) 国会議員

内閣総理大臣は国会議員でなければならず（67条1項）、その他の国務大臣も過半数が国会議員でなければならない（68条1項）。

内閣総理大臣が国会議員であることは在職要件であり、したがって、衆議院の解散または任期満了のため議員たる地位を失う場合は当然として（71条）、除名などにより議員たる地位を失ったときも内閣総理大臣としての地位を失うことになる。その時は内閣も総辞職しなければならない。

3 内閣の成立と総辞職

(1) 成 立

内閣は、内閣総理大臣と国務大臣によって構成される。内閣総理大臣の任命手続は、国会議員の中から国会が指名し（67条1項）、これにもとづいて天皇が任命する（6条1項）。

　国務大臣については、内閣総理大臣が任命し（68条1項）、天皇が認証する（7条5号）。

(2) 総辞職

　内閣の総辞職とは、内閣のすべての構成員が一体となって辞職することをいう。内閣が総辞職しなければならないのは次の場合である。

　①「内閣は、衆議院で不信任の決議案を可決し、又は信任の決議案を否決したときは、10日以内に衆議院が解散されない限り、総辞職をしなければならない」（69条）。この場合、衆議院を解散するか、内閣が総辞職するかは閣議で決定される。

　②「内閣総理大臣が欠けたとき」（70条）。内閣総理大臣が欠けたときとは、死亡、議員資格の喪失、辞職などの場合である。これらの場合には、当然に総辞職の効果が生ずる。

　内閣総理大臣が病気などのように暫定的な性質の故障の場合は、内閣法9条にいう、「内閣総理大臣に事故のあるとき」として、内閣総理大臣のあらかじめ指定する国務大臣（内閣法9条に基づく臨時代理）が臨時に内閣総理大臣の職務を行うことになる。この臨時代理は、内閣総理大臣のもつすべての権限を行使しうるが、国務大臣の任免権は有しない。

　③「衆議院議員総選挙の後に初めて国会の召集があったとき」（70条）。これは任期満了による総選挙か、衆議院の解散による総選挙かは問わない。内閣総理大臣を指名した国会の構成が変わった以上、内閣存立の基盤を失ったことになり、総辞職を義務づけられるのである。

　総辞職した内閣は、新たな内閣総理大臣が任命されるまで引き続きその職務を行い（71条）、新しい内閣総理大臣が任命されたときは、すべての大臣は当然にその地位を失う。

③ 内閣の権能

I 一般行政事務

73条は次の事務を列挙している。

①法律の誠実な執行と国務の総理（1号）

②外交関係の処理（2号）

③条約の締結（3号）　　内閣は締結に際し、事前に、やむを得ない場合には事後に、国会の承認を得る必要がある。

④官吏に関する事務の掌理（4号）　　「官吏」とは、行政権の活動に従事する公務員をいう。

⑤予算の作成および国会への提出（5号）

⑥政令の制定（6号）　　行政機関の制定する成文法を「命令」といい、そのうち内閣の制定する命令を「政令」という。政令は、閣議において決定され（内4条1項）、主任の大臣が署名し、内閣総理大臣が連署し（74条）、天皇が公布する（7条1号）という手続を経る。また、政令の制定は「憲法及び法律を実施するため」とあるが、憲法の規定を直接実施するのは法律によらなければならず、憲法を直接実施するための政令は認められない。

明治憲法下において存在した、法律から独立に発せられる独立命令（明治憲法9条）や、法律に代わる規定を定め、法律と同等の形式的効力をもつ緊急命令（同8条）は認められない。内閣が制定できる政令には、「憲法及び法律の規定を実施するため」の命令、いわゆる執行命令のほかに、法律の委任にもとづき法律の所管事項を定める委任命令も含まれる。しかし、国会は政令に一般的・包括的な委任をすることはできない。

6号但書は、法律の委任によって政令を制定できるとして、その場合に限って政令で罰則を設けることもできるとする。

⑦恩赦（7号）　　内閣は「大赦、特赦、減刑、刑の執行の免除及び復権」を決定する。恩赦の種類の内容と手続については恩赦法が定める。恩赦については、天皇の認証が必要とされる（7条6号）。

2　そのほかの事務

憲法は、以上の一般行政事務のほかに、内閣に対して、次の権限を付与している。

①天皇との関係では、天皇の国事行為に対して助言と承認をすること（3条、7条）

②国会との関係では、国会の臨時会の召集を決定すること（53条前段）、参議院の緊急集会を求めること（54条2項但書）、衆議院の解散を決定すること（69条）

③裁判所との関係では、最高裁判所の長たる裁判官を指名し（6条2項）、長たる裁判官以外の裁判官および下級裁判所の裁判官を任命すること（79条1項、80条1項）

④財政に関しては、予備費を支出すること（87条）、国の収入支出の決算を国会に提出すること（90条）、国会および国民に対して財政状況を報告すること（91条）

4　内閣の責任

「内閣は、行政権の行使について、国会に対して連帯して責任を負ふ」（66条3項）。明治憲法下は、天皇によって任命された各国務大臣が天皇に対して単独に責任を負うものとされた。これに対して、憲法は民主的責任政治の原則を明らかにしている。

1　行政権の行使についての責任

66条3項にいう「行政権の行使」とは、内閣に属するすべての権能の行使をさす。

憲法は、内閣の責任の原因や内容などについては明示していないが、この責任は政治的責任の性格であり、裁判所などにより法的な制裁を課せられる法律上の責任ではないと解されている。

内閣は「連帯して」責任を負う。これは、内閣の権限行使についてはすべての国務大臣が一体として責任を負うことをいう。内閣の統一性を確保するために、内閣総理大臣に強力な権限が付与されている。

国会による内閣の責任追及は内閣に対してだけではなく、各国務大臣に対する単独責任も追及できる。ただし、単独責任の追及（不信任決議）には法的効力はなく、国務大臣は辞職する必然性はない。

内閣は「国会に対して」責任を負う。責任を追及する手段としては、質疑、質問、国政調査などがあり、最も強力な手段は衆議院による内閣不信任決議である。

2　天皇の国事行為への助言と承認についての責任

これは、内閣自らなした助言と承認について責任を負うものであって、天皇に代わって負うものではない。この責任の性格も政治的責任であり、明文規定はないが、国会に対しての責任であると解されている。

5 内閣総理大臣・国務大臣の地位と権限

I 内閣総理大臣

(1) 地 位

明治憲法下にあっては、内閣も内閣総理大臣も憲法上の制度ではなく、内閣官制により、内閣総理大臣は「各大臣ノ首班」として、内閣の統一をはかり、内閣を代表する地位が認められていた。「首班」とはいわゆる「同輩中の首席」という意味にすぎず、他の国務大臣と同格のものとみなされた。

これに対して憲法は、内閣総理大臣は「内閣の首長」(66条1項) として、内閣を組織し、閣議を主宰し、内閣を代表する地位・権限を有するなど、著しくその地位が高められている。内閣総理大臣に強い地位・権限を付与することで、内閣の統一性と一体性をはかり、責任の所在を明らかにしようとしたのである。

(2) 権 限

内閣総理大臣には次のような権限がある。

(a)**国務大臣の任免権** (68条1項・2項)　内閣総理大臣は国務大臣を任命し、また「任意に」罷免することができる。この任免権は内閣総理大臣の専権事項であって、閣議にかける必要はない。臨時代理はこの権限を有しない。

(b)**国務大臣の訴追に対する同意権** (75条)　国務大臣が検察機関等により不当な圧迫を受けないようにするためのものであり、内閣の一体性と活動を確保する趣旨である。ここにいう「訴追」とは、検察官の公訴の提起を意味するだけでなく、その前提となる逮捕や勾留などの身体の拘束も含む。

同意とは、国務大臣をその在任中訴追するための要件であり、同意を与えるか否かは内閣総理大臣の裁量に属している。したが

って、その適否は国会による政治責任の追及の対象とはなっても、法的に争うことはできない。

　同意にもとづかない逮捕、勾留は違法であり、その訴追は無効となる。ただし、「訴追の権利は害されない」から、国務大臣退職後は、内閣総理大臣の同意がなくても訴追が可能である。

　(c)内閣の代表（72条）　　議案には、法律案、条約案などを含む。例外として予算案の作成および国会提出は内閣の権能である。

　(d)行政各部の指揮監督（72条）　　「内閣総理大臣は、閣議にかけて決定した方針に基づいて、行政各部を指揮監督する」（内6条）。内閣法は、内閣総理大臣の指揮監督権として、「主任の大臣の間における権限についての疑義は、内閣総理大臣が、閣議にかけて、これを裁定する」（内7条）と定める。

　内閣総理大臣の職務権限が問われたロッキード事件丸紅ルートで最高裁は、「内閣総理大臣が行政各部に対し指揮監督権を行使するためには、閣議にかけて決定した方針が存在することを要するが、閣議にかけて決定した方針が存在しない場合においても、内閣総理大臣の…地位及び権限に照らすと、流動的で多様な行政需要に遅滞なく対応するため、内閣総理大臣は、少なくとも、内閣の明示の意思に反しない限り、行政各部に対し、随時、その所掌事務について一定の方向で処理するよう指導、助言等の指示を与える権限を有するものと解するのが相当である」とした（最大判平7・2・22）。

　(e)法律・政令の署名および連署（74条）　　内閣総理大臣は内閣府の主任の大臣として（場合によっては、さらに、各省の主任の大臣として）管轄する法律および政令に署名し、さらに内閣の代表者として署名する。この規定は、法律・政令の執行責任を明確

にする趣旨である。しかし、この署名が欠けている場合であっても、法律・政令の効力には関係ない。署名は、法律・政令の効力発生要件ではない。

　(f)閣議の主宰（内4条2項）

　(g)内閣総理大臣および国務大臣の臨時代理の指定（内9条、10条）　　内閣総理大臣に事故のあるとき、または欠けたときにおける臨時代理として、あらかじめ国務大臣を指定することができる。また、主任の国務大臣に事故のあるとき、または欠けたときは内閣総理大臣またはその他の国務大臣が代理する。

2　国務大臣

（1）地　位

　①各国務大臣は内閣総理大臣により任命され、任意に罷免される。その在任中、内閣総理大臣の同意がなければ訴追されない。

（2）権　限

　①国務大臣は、「主任の大臣」として行政事務を分担管理する。ただし、行政事務を分担管理しない国務大臣（いわゆる無任所大臣）も存在する（内3条）。

　②主任の大臣として、法律・政令に署名する。

　③議案について発言するために議院に出席する（63条前段）。この場合、両議院のいずれかに議席を有しているかどうかは問われず、国会議員でなくても議院に出席できる。

　④内閣を構成する者として、閣議において対等の発言権を有する。

　⑤閣議に列席し、案件の如何を問わず、内閣総理大臣に提出して閣議を求めることができる（内4条3項）。

財 政

1 財政立憲主義

1 財政立憲主義

83条は、「国の財政を処理する権限は、国会の議決に基づいて、これを行使する」と定め、財政に関する国会議決主義（財政民主主義）を採用している。これにより、国家の顔ともいわれる財政を国民代表機関である国会の強い統制下におくという、財政立憲主義が明らかにされている。

明治憲法も、租税法律主義について規定し（明治憲法62条1項）、また、「国家ノ歳出歳入ハ毎年予算ヲ以テ帝国議会ノ協賛ヲ経ヘシ」（同64条1項）と定めていた。しかしそれには例外があり（同67条、70条、71条など）、実効性は期待できないものであった。

2 租税法律主義

(1) 意 味

84条は、租税法律主義を採用している。一般に、「租税」とは、所得税や法人税など国や地方公共団体がその経費を支弁するために国民から強制的に無償で徴収する金銭をいう。しかしそれだけではなく、実質的に租税と同じように、国民の自由意思にもとづかないで賦課徴収されるものに対しても、租税法律主義が適用される（財政法3条参照）。

　租税には、国会の議決によって定められた後はそのまま継続して賦課徴収しうる永久税と、毎年国会の議決を要する一年税とがあり、明治憲法は永久税によることを明らかにしていたが、日本国憲法は明示的な規定をおいていない。

(2) 内　容

　租税法律主義は、租税の種類や課税の根拠が法律又は国会の議決に基づかなければならないことを要請しているだけではない。次の内容を必要とする。

　(a)**課税要件等法定主義**　　納税義務者、課税物件、課税標準、税率と租税の納付・徴収手続の主要部分が法律によって予め定められていなければ、国民は納税の義務を負わないという原則

　(b)**課税要件等明確主義**　　(a)により課税要件等が法定されていても、その規定の仕方・内容が不明確であってはならないという原則

　(c)**税務行政庁による不確定概念や自由裁量の導入の禁止**　　税務行政庁は合法律的に税法律の規定するところに従って租税の賦課・徴収を厳格に行わねばならないこと

(3) 例　外

　租税の賦課は「法律又は法律の定める条件」によらなければならないが、次の例外がある。

　①法律の定める明確な基本的決定の下に、細目的事項について政令などに委任することができる。

　②地方税については、地方税法３条以下により、地方公共団体が条例でその税目・税率を一定の範囲で定めることができる。

　③関税については、条約で協定税率を定めることができ（関税法３条但書）、また一定の物品（たとえば主要食糧の輸入税など）については、法律で税率の増減や免除を政令に委任している。

④かつて非課税とされてきたパチンコ球遊器が通達により課税された事件で最高裁は、「通達の内容が法の正しい解釈に合致するものである以上、本件課税処分は法の根拠に基づく処分」（最判昭33・3・28）であるとして、通達による課税の可能性を認めた。

⑤国民健康保険料に租税法律主義が適用されるか否かが問題となった旭川市国民健康保険条例事件で最高裁は、「国、地方公共団体等が賦課徴収する租税以外の公課であっても、その性質に応じて、法律又は法律の範囲内で制定された条例によって適正な規律がされるべきものと解すべきであり、憲法84条に規定する租税ではないという理由だけから、そのすべてが当然に同条に現れた…法原則のらち外にあると判断することは相当ではない。そして、租税以外の公課であっても、賦課徴収の強制の度合い等の点において租税に類似する性質を有するものについては、憲法84条の趣旨が及ぶと解すべきである」とした（最大判平18・3・1）。

3 国費の支出および国の債務負担行為

85条は、「国費を支出し、又は国が債務を負担するには、国会の議決に基づくことを必要とする」と定める。これは財政立憲主義の原則を、国の支出および債務負担の面について具体化したものである。国会の議決は、予算の形式で行われる（86条）。

「国の債務」とは、国債ないし一時借用金など、国が公の経費を調達するために負担する債務をいう。また、国の債務負担にも国会の議決を必要とするが、これは債務の負担は、結局は国費の支出を伴うことになるからである。この場合の国会の議決は、予算の形式による場合もあり、法律の形式でなされる場合もある（財政法15条1項）。

なお、財政法4条1項は原則として赤字国債を認めていないが、例外として建設国債を認めている。

4 公金の支出の禁止

(1) 前 段

89条は、公金その他の公の財産は、宗教上の組織若しくは団体の使用、便益若しくは維持のため、又は公の支配に属しない慈善、教育若しくは博愛の事業に対し、これを支出し、又はその利用に供してはならないとする。

前段は、政教分離原則（20条）を財政の面から保障するものであり（**後述**108頁参照）、宗教団体に対する公の財産の支出や財産の供用が禁止される。ただし、重要文化財の管理・修理のために補助金を交付することは本条に違反しない。

(2) 後 段

後段は、包括的な支出が容認されている慈善・教育などの事業について公金の使途を明確にすることを要求するとともに、これらの私的事業の自主性・独立性を確保しようとするものである。「公の支配」の理解については議論があるが、支配的な見解は、これを広く解し、国などが行っている財政援助が不当に利用されないように国の監督が及ぶならば、「公の支配」に属するとしている。したがって、私学助成は本条に違反するものではない。この点で、私立学校に対する助成金などは、私的事業の自主性を失わしめるほどの強い国の監督があるわけではないが、業務・会計状況の報告を求めていること、著しい定員超過に対する是正命令、予算変更勧告ができることなどから、「公の支配」に属すると解される。

2 予 算

I 予算の意義と議決形式

(1) 意 義

予算とは、一会計年度（毎年4月1日から始まり、翌年3月31日まで）における歳入・歳出の見積もりのことをいう。予算のうち、歳入に関する部分は、その性質上、予定的見積もりであるから、原則として法的拘束力を有しない。それに対して、歳出に関する部分は、その目的・最高限の金額・時期などについて、関係国家機関の支出の準則として法的拘束力を有する。しかし、予算に反してなされた支出は無効となるのではなく、内閣の政治的責任を生ずるにすぎない。

なお、予算の内容となるのは、予算総則、歳入歳出予算、継続費、繰越明許費、国庫債務負担行為である（財政法16条）。歳出予算は、原則として一会計年度に限って支出が認められる。継続費は、工事その他の事業でその完成に数年度を要するものについて、数年度にわたる支出を認められる。繰越明許費は、歳出予算の経費のうち、その性質上または予算成立後の事情から年度内の支出が終了する見込みがないものについて、翌年度に繰り越して使用することが認められる。

(2) 議決形式

予算の議決形式（あるいは予算の法的性質）については、国法形式説と法律説が対立している。通説は国法形式説であり、予算と法律の議決方法が異なること、内閣が予算を作成すること（86条）などから、予算は法律ではないが、法的性格をもった国法の一形式であると解されている。

国法形式説にたった場合、次の問題が生ずる。すなわち、予算

は法律とは別個の法形式として議決される。したがって、予算に計上され、国会の議決を得ればただちに支出できるのではなく、国費の支出は別に法令に基づかなければならないことになり、予算と法律の間に齟齬をきたすことになる。その場合として、予算は成立しながらも、その支出を認める法律が制定されていない場合、逆に、法律は制定されたが、その法律を執行するための支出が計上されている予算が成立しない場合がある。法律と予算のいずれが欠けても財政行為はできないことになる。

(3) 暫定予算

予算が会計年度開始前に成立しない場合に備えて、財政法30条は暫定予算の制度を設けている。明治憲法71条のように、予算が成立しない場合に、前年度予算が施行される方法は認められない。

2　予算の手続

(1) 衆議院の予算先議権

予算の作成・提出（発案権）は内閣に専属する権限であり（73条5号）、議員などが行うことはできない。予算は先に衆議院に提出されなければならず（衆議院の予算先議権）、また国会の議決においては衆議院の優越が認められる。すなわち、国会の議決は両院の可決を原則とする。例外として、参議院が衆議院と異なった議決をした場合に、両院協議会を開いても意見が一致しないとき、または参議院が予算を受け取った後、国会休会中を除いて30日以内に議決をしないときには、衆議院の議決を国会の議決とするという衆議院の優越が認められる（60条2項）。

(2) 修　正

国会は、内閣の提出した予算を修正することができるかどうか

が問題になる。明治憲法下においては、予算は議会においてみだりに廃除削減できないものとされ、また、増額修正は許されないとされていた。これに対して、現在、通説は増額・減額修正のいずれも可能であることを前提としながら（国57条の2・3、財政法19条参照）、予算修正は内閣の予算作成・提出権を侵害しない範囲で行われるべきであるとする。したがって、予算の「項」の新設、「項」の内容の完全な変更など提出された予算と同一性を失わしめるような全面的な修正はできないとする。

3　予備費

予備費とは、不測の事態の発生によって予算超過支出や予算外支出が必要となった場合に対処するための制度であり、「内閣は、予備費として相当と認める金額を、歳入歳出予算に計上する」（財政法24条）ことになる。予備費は、予算の中に設けられ、国会の議決を経ることになるが、その性質上支出の目的が特定されていないために、「すべて予備費の支出については、内閣は、事後に国会の承諾を得なければならない」（87条2項）。予備費は歳出の見積り（支出の内容）を国会で審議するという手続の例外をなすものであるから、内閣の責任が強調される。しかし、予備費の支出について事後に国会の承諾が得られない場合でも、すでになされた支出の効力には影響がなく、無効にはならない。

3 決　算

Ⅰ　決　算

決算とは、一会計年度における国の収入・支出の実績を計数をもって表示することを内容とする国家行為である。決算の審査は、政府の財政行為に対する国会による事後的コントロールであ

り、決算審査について、「国の収入支出の決算は、すべて毎年会計検査院がこれを検査し、内閣は、次の年度に、その検査報告とともに、これを国会に提出しなければならない」(90条1項)。

2　手　続

決算は、財務大臣が歳入歳出予算と同一の区分により作成し、内閣がこれを会計検査院に送付する。会計検査院は、国の収入支出すべてについて決算審査を行い、検査報告を作成する。

決算と検査報告は、予算の場合と異なり、両議院それぞれに提出され、両議院が別個に審査し、一院が議決しても他院に送付しないことになっている。審査未了の場合には、次の会期に改めて提出されるのではなく、そのまま引き続き審査される。

会計検査院は、3人の検査官からなる検査官会議と事務総局から組織され(会計検査院法2条)、「内閣に対し独立の地位を有する」(同法1条)憲法上の機関である(90条)。検査官は、両議院の同意を経て内閣が任命し、その任免は天皇が認証する(会計検査院法4条)。会計検査院の長は、検査官が互選したものについて内閣が任命する(同法3条)。

3　財政状況報告

国会による政府の財政行為の事後的コントロールとして、さらに、内閣の財政状況報告の制度がある。憲法は、「内閣は、国会及び国民に対し、定期に、少くとも毎年一回、国の財政状況について報告しなければならない」(91条)と定める。財政法がこれを具体的に規定している(財政法46条参照)。

地方自治

1 地方自治の保障

1 日本国憲法以前

地方自治は、「民主主義の学校」であるといわれる。憲法は第8章を「地方自治」として特に1章を設けている。

明治憲法には、「地方自治」の章は存在しなかった。しかし、明治政府は、地方自治制に関する事項は法律事項であるとして、明治憲法制定前の1888年（明治21年）に市制・町村制を、1890年（明治23年）には府県制・郡制をしき、地方制度の基礎を固めた。それは、自治的色彩の弱い、半官的な性格の団体であった。たとえば、府県知事は中央政府の任命する官吏であり、知事には、府県会や市町村に対する強い監督権限が認められていた。

2 地方自治の意義

地方自治は、日本国憲法になって初めて憲法上の根拠が与えられ、憲法上の制度として保障されることになった（制度的保障説。学説はほかに、地方自治は本来的に国家に先行する存在であるとする固有権説、自治権は国家の承認により初めて成立するとする承認説がある）。

92条は、「地方公共団体の組織及び運営に関する事項は地方自治の本旨に基づいて、法律でこれを定める」と規定する。この「地方自治の本旨」については、団体自治と住民自治からなって

いるとされる。団体自治とは、国家の中に一定の地域を基礎とする団体が存在し、この団体（地方公共団体）が自己の意思と目的をもち、自己の機関によってその地域の公共事務を処理することをいう。この団体自治の原理は、自由主義の思想を基礎とする。住民自治とは、地方公共団体の行政を団体の構成員である住民の意思によって行うことをいう。この住民自治の原理は民主主義の思想を基礎としている。

② 地方公共団体とその機関・権能

I　地方公共団体の意義

　地方自治法は、地方公共団体を普通地方公共団体と特別地方公共団体とに分け、都道府県および市町村を普通地方公共団体とし、特別区、地方公共団体の組合、財産区および地方開発事業団を特別地方公共団体とする（自治1条の2）。憲法上の地方公共団体は、前者の普通地方公共団体であると解され、これを二段階構造と呼ぶ。したがって、都道府県を廃止して道州制に変えるとか、知事や市町村長を任命制にすることは許されない。

　なお、最高裁判所は、憲法上の地方公共団体というためには、「事実上住民が経済的文化的に密接な共同生活を営み、共同体意識をもっているという社会的基盤が存在し、沿革的にみても、また現実の行政の上においても、相当程度の自主立法権、自主行政権、自主財政権等地方自治の基本的権能を附与された地域団体であることを必要とする」（最大判昭38・3・27）とのべ、東京都の特別区は憲法上の地方公共団体に該当せず、したがって、区長の公選制を廃止するかどうかは立法政策の問題であり、特別区長の公選制を廃止しても93条2項に違反しないとした。

2　地方公共団体の機関

　93条1項は、「地方公共団体には、法律の定めるところにより、その議事機関として議会を設置する」とし、2項は、「地方公共団体の長、その議会の議員及び法律の定めるその他の吏員は、その地方公共団体の住民が、直接これを選挙する」と規定している。つまり、議事機関としての議会の議員および執行機関としての長を住民の直接選挙によって選任することで、地方自治が住民の総意に基づいて行われることを保障する。

(1)　地方議会

　地方公共団体には、「議事機関」として「議会」が設置される。この議会は、団体意思の決定を行うための、住民を代表する合議制の機関である。町村においては、議会に代わって、「選挙権を有する者の総会」（町村総会）を設置することもできる（自治94条）。

　地方議会の議員の任期は4年であり、国会議員や地方公共団体の常勤職員などとの兼職は禁止される（自治92条、92条の2、93条）。また、国会の場合と異なり、住民は地方議会の解散および議員の解職請求を行うことができる（**後述63頁参照**）。

(2)　地方公共団体の長

　地方公共団体の長（都道府県知事、市町村長）は、地方公共団体を統括し、代表する職務を有する独任制の執行機関で、住民が直接選挙する（明治憲法下では、知事は中央政府によって任命され、市町村長も必ずしも直接選挙によって選ばれる者ではなかった）。

　長の任期は4年であり、議員と同様に、国会議員や地方議会議員、地方公共団体の常勤職員などとの兼職が禁止される。また、住民は長の解職請求を行うことができる（**後述63頁参照**）。

　地方公共団体においては、長が住民によって直接選挙されると

いうアメリカの大統領制に類似した首長制が採用されていること
から、議員と長の兼職が禁止されるが（自治141条2項）、同時
に、議院内閣制的な要素も採り入れられている。すなわち、長に
対する議会の不信任決議と、それに対抗する措置として議会に対
する長の解散権が規定されている（自治178条）。

3　地方公共団体の権能

94条は、地方公共団体の広範な権能を保障している。

(1)　自治行政権

「地方公共団体は、その財産を管理し、事務を処理し、及び行
政を執行する権能」を有する（94条）。これは、地方公共団体の
行政権を一般的抽象的に保障したもので、例示的な列挙である。
「財産を管理」するとは、財産を取得・利用・処分することをい
う。「事務を処理」するとは、非権力的な公共事業を行い、「行政
を執行」するとは、権力的・統治的作用をさす。

地方公共団体の具体的な事務については地方自治法が、自治事
務と法定受託事務の2種類を規定する（自治2条8項・9項）。前
者は、各地方自治体の固有の行政であり、後者は本来、国・都道
府県が行う事務であるが、法律・政令によって地方に委託した事
務のことをいう。

(2)　国と地方公共団体、都道府県と市町村の事務配分

国と地方公共団体との間の事務配分に関する基本原理は、地方
の利害にかかわる事務については、原則として、地方公共団体の
自主的な処理に委ねるとする。その例外は、外交に関する事務、
司法に関する事務、刑罰に関する事務などである。

都道府県と市町村は、法律上、普通地方公共団体として、上下
の関係、指揮監督の関係にたつものではない。しかし、現行法上

は、次のような差異がある。都道府県は、市町村を包括する広域の地方公共団体として、地域における事務などで広域にわたるもの、市町村に関する連絡調整に関するもの及びその規模又は性質において一般の市町村が処理することが適当でないと認められるものを処理するものとする（自治2条5項）。それに対し、市町村は、地域における事務及びその他の事務で法律又はこれに基づく政令により処理することとされるものを処理する（自治2条2項・3項）。

4　条例制定権

(1)　条例制定権の範囲

条例は、国の立法と並ぶ地方公共団体の自主立法であり、民主政治を実現するものである。そのため、国の規制よりも厳しい規制を設ける上乗せ条例、対象を広範に設定する横出し条例が認められている。

(2)　条例制定権の限界

(a)法律の留保事項　29条、31条、84条などは一定の事項を法律に委ねているが、これについて条例で規制することができるかという問題がある。

①条例による財産権の制限。29条は、財産権に対する制限は法律によらなければならないと規定する。最高裁は、奈良県ため池条例事件（最大判昭38・6・26）で、ため池の破損、決壊の原因となるため池の提とうの使用行為のような財産権行使は、憲法の保障の埒外にあり、それを条例でもって禁止、処罰しても憲法および法律に抵触せず、また、地方の特殊事情により法律で一律に規制することが不適当な場合には、条例による財産権の制限も可能であるとした。

②条例による罰則。31条は罪刑法定主義を定め、法律によらない刑罰を禁止し、73条6号は政令に対する一般的委任を禁止している。このことから条例で罰則をもうけることができるかどうかが問題となる。地方自治法14条3項は、「普通地方公共団体は、法令に特別の定めがあるものを除くほか、その条例中に、条例に違反した者に対し、二年以下の懲役若しくは禁錮、百万円以下の罰金、拘留、科料若しくは没収の刑又は五万円以下の過料を科する旨の規定を設けることができる」と規定する。最高裁は、条例において罰則をもうけるには法律の委任がなければならないとする。しかし、法律の個別的委任がなければ罰則をもうけることができない政令（73条6号）と異なり、条例は地方議会の議決によって成立することから、委任は「相当な程度に具体的」であればよいとする（最大判昭37・5・30）。

③条例による地方税の賦課徴収。84条は租税法律主義を規定しているが、地方税については地方税法が規定し、税率などに関しては条例に委ねられている（地方税法2条、3条）。

地方税と国税は、性格を異にし、地方税について法律で詳細に内容を定め難い場合がある。最高裁は、地方公共団体は相当程度の自主立法権・自主行政権および自主財政権が附与された地域団体であるとしていることから（最大判昭38・3・27）、一定の範囲内で地方公共団体は条例で地方税に関する定めをすることができると解される。

外形標準課税が問題となった東京都銀行税訴訟で裁判所は、条例制定に当たっての東京都の裁量判断は、地方税法72条の19において許容される範囲内のものであると認められるが、地方税法72条の22第9項の均衡要件は、同法72条の19の解釈運用における地方公共団体の裁量判断に対する歯止めとしての機能を果た

すものであり、客観的な資料に基づいた証明が必要であり、それが東京都によってなされていないとした（東京高判平 15・1・30）。

④近時問題となっているのは住民投票条例の制定である。新潟県巻町における原発建設の住民投票条例の制定にはじまり、最近では沖縄県の日米地位協定見直し・米軍基地整理縮小に関する県民投票などがある。投票結果に対する取り扱い方は多くが諮問型・助言型住民投票である。すなわち、一定の政策の是非を条例によって住民投票にかけ、その結果を首長が「尊重する」という法形式をとるやり方である。この住民投票の結果の法的拘束力を問題とした名護ヘリポート住民投票訴訟で裁判所は、条例は尊重義務を規定するにとどまり、「市長に市民投票における有効投票の賛否いずれか過半数の意思に従うべき法的義務があるとまで解することはでき」ないとした（那覇地判平 12・5・9）。

(b)**法令と条例の関係**　94 条は、条例制定権を「法律の範囲内」で認め、地方自治法 14 条 1 項も、「法律に違反しない限りにおいて」制定できるとしている。条例の形式的効力は、法律および命令よりも下位になる。問題は法律と条例の矛盾抵触である。最高裁は、徳島市公安条例事件（最大判昭 50・9・19）で、次のように判示した。（イ）条例が国の法令に反するかどうかは、その趣旨、目的、内容および効果を比較し、両者の間に矛盾抵触があるかどうかによって決しなければならない。（ロ）ある事項について国の法令中に規律する明文規定がない場合、当該事項についていかなる規制をも施すことなく放置すべき趣旨であると解されるときは、これについて条例で規制することは国の法令に違反する。（ハ）特定事項について国の法令と併存する場合について、条例による規律が国の法令と別の目的に基づいており、国の法令中の規定の意図する目的と効果が、条例が適用されてもなんら阻

害されるものでないときには、両者の間に矛盾抵触はない。しかし、両者が同一の目的にでた場合であっても、全国的に一律に同一内容の規定をする趣旨ではなく、地方公共団体が地方の実情に応じて別段の規制をすることを容認することができる場合は、制定できる。

❸ 住民の権能

Ⅰ　直接民主制

憲法は、地方公共団体の住民の権能として、次のものを定める。①直接選挙。住民がその地方公共団体の長、議会の議員および法律の定めるその他の吏員を選挙する（93条2項）。②地方自治特別法の住民投票。「一つの地方公共団体のみに適用される特別法は、法律の定めるところにより、その地方公共団体の住民の投票においてその過半数の同意を得なければ、国会は、これを制定することができない」（95条）。地方自治特別法は、たとえば、広島平和記念都市建設法（昭和24年）、首都建設法（昭和25年）がある。

地方自治法は、「地方自治の本旨」をうけて、住民の直接請求権を認めている。①選挙権を有する者の総数の50分の1以上の者の連署による、条例の制定改廃請求権（自治74条～74条の4）、②地方公共団体の事務監査請求権（自治75条）、③選挙権を有する者の総数の3分の1以上の者の連署による、議会の解散請求権（自治76条～79条）、④議員、長などの解職請求権（自治80条～88条）。これらの請求があったときは、選挙人の投票により決定する。

2 住民監査請求・住民訴訟

住民監査請求とは、地方自治体の一住民が当該自治体の「違法若しくは不当な公金の支出」などについて、監査委員に監査を申し出ることをいう（自治242条）。住民監査請求が提起されたあと、監査委員が請求に理由がないと判断したとき、さらに当該住民は住民訴訟を提起することができる（自治242条の2）。とくに重要なのは、「当該執行機関又は職員に対する当該怠る事実の違法確認の請求」（3号請求）と「当該職員又は当該行為若しくは怠る事実に係る相手方に損害賠償又は不当利得返還の請求をすることを当該普通地方公共団体の執行機関又は職員に対して求める請求」（4号請求）である。事例として、砂川政教分離訴訟空知太神社事件（最大判平22・1・20）がある（**16 信教の自由**参照）。

10

裁判所

1 司法権の意義

I　司法権の意義・範囲

　司法権とは、具体的事案について法を適用し紛争を解決する国家作用をいう。

　司法権の考え方には、二つの系列がある。フランスを典型とするヨーロッパ大陸法の系列においては、司法権は民事および刑事の裁判に限定されていたのに対して、イギリス・アメリカのような英米法の系列においては、行政事件の裁判をも司法権の範囲としている。明治憲法下の裁判所は、民事・刑事事件のみを扱い、行政事件の裁判を行政権に属する行政裁判所に帰属せしめ、大陸法の司法権の観念を採用していた。

　これに対し憲法は、司法権の範囲が民事・刑事の裁判だけではなく、行政事件の裁判も司法権に含まれると解されている。裁判所法3条1項が「一切の法律上の争訟を裁判」すると規定しているのは、この趣旨で理解される。その理由として、①憲法がアメリカ憲法の強い影響のもとにつくられたこと、②32条があること、③81条により、通常裁判所が行政処分の違憲審査権を有すること、などがあげられている。

2　司法権の帰属

(1) 根　拠

　明治憲法のもとでは、司法権は天皇に属し、裁判所は天皇の名においてこれを行使する機関にすぎなかった（明治憲法57条）。

　これに対して、76条1項は、「すべて司法権は、最高裁判所及び法律の定めるところにより設置する下級裁判所に属する」と規定して、司法権が裁判所に固有のものであることを明らかにしている。

(2) 特別裁判所の禁止

　76条2項前段は、特別裁判所の設置を禁止する。特別裁判所とは、最高裁判所を頂点として構成される通常の裁判所の系列とは組織的関連をもたず、特定の身分や事件について独立して裁判を行う裁判所をいう。特別裁判所の例としては、たとえば明治憲法時代の軍法会議や皇室裁判所をあげることができる。しかし、家庭裁判所のように、特定の種類の事件のみを管轄する裁判所であっても、通常裁判所の系列につながりをもっていれば特別裁判所にあたらない（最大判昭31・5・30）。また、罷免の訴追を受けた裁判官を裁判する弾劾裁判所は、憲法の認める例外である。

(3) 行政機関による終審裁判の禁止

　76条2項後段は、行政機関による終審裁判を禁止している。これも、司法権が裁判所に帰属することを確保する趣旨である。憲法が禁止するのは、行政機関による終審としての裁判であり、したがって、行政機関も前審としてであれば裁判（審判）を行うことも可能である（裁3条2項）。これは、終審として事件を確定するものではなく、不服のある場合には裁判所に出訴することができるからである。行政機関の行う前審としての裁判（審判）としては、行政不服審査法における審査請求の裁決や異議申立の決

定、公正取引委員会や特許庁の審決などがある。

3　司法権の限界

　裁判所は、一切の法律上の争訟を裁判する権能を有する。一切の法律上の争訟とは、具体的な権利義務に関する紛争であり、法令を適用することによって終局的に解決できるものをいう。このような訴訟を主観訴訟という。抗告訴訟と当事者訴訟がこれにあたる。しかし、この2つの要件を充たしても裁判が行われない場合がある。これを司法権の限界という。なお、主観訴訟とは別に、法律で認められた場合に訴訟提起できる訴訟を客観訴訟という。民衆訴訟、機関訴訟がそれにあたる（行政事件訴訟法2条）。

（1）憲法上の限界

　憲法自ら定める限界としては、①両議院の行う議員の資格争訟の裁判（55条）、②国会の設置する弾劾裁判所による裁判官の弾劾裁判（64条）がある。

　そのほかに、恩赦の法的性格を司法と解する立場からは、内閣による恩赦の決定（73条7号）も限界を画するといえる。また、明文の規定はないが、外交使節の治外法権のような国際法上の限界がある。

（2）司法権の本質に由来する限界（事件性・争訟性）

　司法権は、具体的な争訟事件を対象として発動される。したがって、具体的な争訟を離れて、一般的抽象的に司法権を行使することはできない。最高裁は、警察予備隊違憲訴訟（最大判昭27・10・8）で、「司法権が発動するためには具体的な争訟事件が提起されることを必要とする。我が裁判所は具体的な争訟事件が提起されないのに将来を予想して憲法及びその他の法律命令等の解釈に対し存在する疑義論争に関し抽象的な判断を下すごとき権限を

行い得るものではない」とした。また、創価学会寄付金返還請求事件（最判昭56・4・7：板まんだら事件）では、法律上の争訟とは「当事者間の具体的な権利義務ないしは法律関係の存否に関する紛争であって、かつ、それが法令の適用により終局的に解決することができるもの」であるとした。さらに続けて、訴訟が具体的な権利義務ないし法律関係に関する紛争の形式をとるものであっても、その請求の当否を判断する前提問題として、信仰の対象についての価値判断、宗教上の教義に関する判断が訴訟の帰趨を左右する必要不可欠のものであり、したがって本件訴訟は、その実質において法令の適用による終局的な解決の不可能なものであって、裁判所法3条にいう法律上の争訟にあたらないとした。

(3) 自律権

(a)議院の自律権　　議院の自主性・自律性を理由に、司法権が及ばないとされる領域がある。最高裁は、警察法改正無効事件（最大判昭37・3・7）で、警察法は両院において議決を経たものとされ適法な手続によって公布されている以上、裁判所は両院の自主性を尊重すべきであり、その有効無効を判断すべきでないと判示し、議事手続における議決は裁判の対象となりえないとした。

(b)地方議会の自律権　　地方議会については国会の各議院と異なる。地方議会の議員の除名処分は、議院の身分喪失に関する重大事項であり、単なる内部規律の問題にとどまらないとして、司法審査の対象となる。しかし、出席停止のような懲罰は内部規律の問題として司法審査はおよばない（最大判昭25・10・19）。

(4) 団体の内部事項（部分社会の法理）

(a)大学など自律的な法規範をもつ社会・団体　　いわゆる「部分社会論」として議論されていることである。富山大学単位不認定等無効確認事件（最判昭52・3・15）において、大学は国公立た

るを問わず、「一般市民社会とは異なる特殊な部分社会を形成」
し、その内部問題は司法審査の対象とならないとされた。

(b)**政党の内部規律**　　政党の内部紛争について共産党袴田事件
で最高裁は、「政党の結社としての自主性にかんがみると、政党
の内部的自律権に属する行為は、法律に特別の定めのない限り尊
重すべきであるから、政党が組織内の自律的運営として党員に対
してした除名その他の処分の当否については、原則として自律的
な解決に委ねるのを相当」とした（最判昭 63・12・20）。

(5) 立法および行政の裁量にかかわる限界

司法権は、立法または行政の裁量が認められる範囲にはおよび
えない。ただし、その裁量の範囲を越えたり、または裁量権を逸
脱したときには違法となり、司法審査の対象となる（行政事件訴
訟法 31 条）。

立法または行政の裁量とは、法が立法または行政を一義的に拘
束することなく、法の定める枠の中で一定の行動の自由を与えて
いることをいう。法の枠内での裁量は、「当不当の問題」がある
だけであり、「適法か違法かの問題」は生じない。立法・行政の
裁量は、社会権の領域においては広く認められることが多い。た
とえば、最高裁は、堀木訴訟（最大判昭 57・7・7）で、健康で文
化的な最低限度の生活は抽象的・相対的概念であって、その具体
的内容を決定し実施するには、文化の発達度、経済的・社会的条
件や国の財政事情などを勘案した立法政策的判断を必要とするの
で、具体的にどのような立法措置を講ずるかは立法府の広い裁量
に委ねられているとした。

(6) 統治行為

違憲審査制は、司法権の行使に付随して憲法判断を行うという
付随的違憲審査制を基本としている（**後述** 78 頁参照）。統治行為

とは、政治部門の行為のうち、高度の政治性のゆえに、法的判断は可能であっても、司法審査の対象とされない行為をいう。衆議院の解散の違憲性が問題になった苫米地事件（最大判昭35・6・8）で、「直接国家統治の基本に関する高度に政治性のある国家行為のごときは、たとえそれが法律上の争訟となり、これに対する有効無効の判断が法律上可能である場合であっても、かかる国家行為は裁判所の審査権の外にあり、その判断は…最終的には国民の政治判断に委ねられている」とした。また、日米安全保障条約に関する砂川事件（最大判昭34・12・16）は、高度の政治性を有する条約については「一見きわめて明白に違憲無効」でない限りは司法審査権は及ばないとした。

2 裁判所の構成

I 裁判所の種類

すべて司法権は、「最高裁判所」および「法律の定めるところにより設置する下級裁判所」に属する（76条1項）。下級裁判所としては、高等裁判所、地方裁判所、家庭裁判所、簡易裁判所が設置されている（裁2条）。下級裁判所は法律により設置されるので、たとえば、高等裁判所を廃止し地方裁判所だけであるとしても憲法違反にはならない。

2 最高裁判所

(1) 構 成

最高裁判所は、「長たる裁判官」と「法律の定める員数のその他の裁判官」（14人）から構成されている（79条1項、裁5条）。

最高裁長官は、内閣の指名に基づいて天皇が任命し（6条2項）、その他の裁判官は内閣が任命し、天皇が認証する（79条1

項、7条5号)。最高裁判所裁判官には任期はなく、70歳になった
ときに退官する(79条5項)。

　最高裁判所の審理および裁判は、大法廷または小法廷で行われ
る。大法廷は裁判官全員の合議体であり、定足数は9人である。
小法廷は最高裁判所規則で定める員数(5人)の合議体である
(裁9条)。

　大法廷で取り扱われる事件は、①法律、命令、規則または処分
が憲法に適合するかしないかを判断するとき、②法律、命令、規
則または処分が憲法に適合しないと認めるとき、③憲法その他の
法令の解釈適用について、意見が前に最高裁判所のした裁判に反
するとき、である(裁10条)。

(2) 権　限

　①刑事、民事、行政事件の終審裁判権(76条2項、81条)
　②国会の立法権の例外として、訴訟に関する手続、弁護士、裁
判所の内部規律および司法事務処理に関する事項についての規則
制定権(77条1項)
　③下級裁判所裁判官の指名権(80条1項)
　④司法行政権(80条1項、77条1項、78条後段)

3　下級裁判所

(1) 任　命

　下級裁判所の裁判官の任命は、「最高裁判所の指名した者の名
簿によって、内閣でこれを任命する」(80条1項後段)。この場
合、内閣は名簿に載せられていない者を任命することはできな
い。

(2) 任期・再任

　下級裁判所裁判官の任期は10年であり、再任されることがで

きる（80条1項後段）。高等裁判所長官、判事、判事補は年齢65年、簡易裁判訴判事は年齢70年に達したときに退官するものとされている（裁50条）。

4　三審制

　憲法は裁判所を最高裁判所と下級裁判所に分け、審級制を採用し、原則として三審制が採用されている。訴訟手続を慎重に行うことによって人権を守り、公正な司法権を行使することを目的とする。

　審級制により、裁判所間には上下の関係ができるが、これは、司法権の行使について下位の裁判所が上位の裁判所の一般的な指揮命令を受けることを意味しない。各裁判所は、それぞれ直接司法権を担当する地位にあり、上級裁判所から独立して司法権を行使することができる。ただ、扱っている当該事件について下級裁判所は上級裁判所の判断に拘束される。

　第1審から第2審（控訴審）に不服を申し立てることを控訴といい、第2審から第3審（上告審）に不服を申し立てることを上告という。両者をあわせて上訴という。また、事件の事実内容を認定する審級を事実審といい、第1審及び控訴審が担当する。上告審は法律審といい、法令審査を主に行う。

　審級制を具体的にどのように定めるかは、法律に委ねられている。簡易裁判所を第一審とする民事事件の上告審を高等裁判所とすることを定めた（旧）民事訴訟法393条および裁判所法16条3号は、76条に違反しない（最大判昭29・10・13）。また、事実審理を第二審限りとすることも、第一審限りとすることも憲法に違反しない（最判昭35・12・8）。

③ 裁判官の独立

I　司法権の独立

　裁判はあらかじめ与えられた法にもとづいて厳正かつ公平に行われなければならない。そのために、裁判所・裁判官は法にのみ服従し、他のなにものにも拘束されてはならないという、司法権の独立が確立されなければならない。そして、その中核をなすのが、裁判官の独立である。最高裁判所は、司法行政権、すなわち最高裁判所職員ならびに下級裁判所およびその職員を監督する権能を持つ（裁80条）が、この監督権は、裁判官の裁判権に影響を及ぼし、またはこれを制限するものであってはならない。

2　職権の独立

　76条3項は、「すべて裁判官は、その良心に従ひ独立してその職権を行ひ、この憲法及び法律にのみ拘束される」と定め、裁判官の職権の独立を保障する。裁判官は、具体的事件の裁判にあたって、まったく独立に、その職権を行い、他のなにものの指揮命令にも拘束されないことを保障される。

　「良心」とは、裁判官個人の主観的な思想や世界観を意味するものではなく、裁判を公平かつ無私に行わなければならないという職業倫理のことである。したがって、裁判官が従う判断基準は客観的な法規範だけである。「良心」について、最高裁判所は、「裁判官が良心に従うというのは、裁判官が有形無形の外部の圧迫乃至誘惑に屈しないで自己の内心の良識と道徳観に従うの意味である」（最大判昭23・11・7）とする。また、「裁判官は法の範囲内において、自ら是なりと信ずる処に従って裁判すれば、それで憲法のいう良心に従った裁判といえるのである」（最大判昭23・

12・15）と判示している。これは、裁判官が外部からの指示や圧力に屈することなく、法にのみ従うべきことを明らかにしたものと理解されている。

「憲法及び法律」とあるのは、政令・規則・条例などを排除する趣旨ではなく、すべての客観的な法規範を総称したものと解されている。

3　身分保障

司法権の独立、裁判官の職権の独立を実効的に保障するためには、裁判官の身分保障が確立されなければならない。裁判官は、任期満了（80条1項）、定年（裁50条）以外に、その意に反して免官されず、また、「転官、転所、職務の停止又は報酬の減額をされることはない」（裁48条）。さらに次の保障がある。

(1) 裁判官が罷免される場合

①裁判により、心身の故障のために職務を執ることができないと決定された場合（78条）。「裁判により」とは、裁判所の訴訟手続によって、という意味である。この手続については裁判官分限法が定める。「心身の故障」とは、一時的な故障ではなく、相当長い期間にわたって継続することが確実に予想される回復困難な故障のことをいう（裁判官分限法1条）。

②公の弾劾による場合（64条、78条。28頁5も参照）。「公の弾劾」は、国会に設けられた弾劾裁判所で行われる。弾劾による裁判官の罷免事由は、（ⅰ）「職務上の義務に著しく違反し、又は職務を甚だしく怠ったとき」、（ⅱ）「その他職務の内外を問わず、裁判官としての威信を著しく失うべき非行があったとき」（裁判官弾劾法2条）である。

弾劾裁判所は、憲法が例外的に認めた特別裁判所である。弾劾

裁判所は、両議院の中から選挙された同数の裁判員（各院7人）で構成され、裁判長は裁判員が互選する。弾劾裁判所の罷免の宣告により、その裁判官の地位は失われ、任命権者が改めて罷免する必要はない。

　③国民審査による罷免（79条2項・3項・4項）。内閣による最高裁判所長官および裁判官の指名もしくは任命行為に対して、国民の意思を反映させるための制度として、国民審査制度がある。国民審査は、任命後初めて行われる衆議院議員総選挙の際、およびその後10年経って初めて行われる衆議院議員総選挙の際に繰り返し行われる。国民審査において、投票者の多数が裁判官の罷免を可とするときは、その裁判官は罷免される。国民審査の制度の性質は、解職制度（リコール）であると解せられている（最大判昭27・2・20）。最高裁判所裁判官国民審査法が、審査に関する事項を定める。

(2)　裁判官の懲戒

　78条後段は、「裁判官の懲戒処分は、行政機関がこれを行ふことはできない」と定める。これは、司法権の独立を保障するために、裁判官の懲戒処分も裁判所自身によって行われなければならないとする趣旨である。したがって、行政機関だけではなく、立法機関による懲戒処分も行われてはならない。

　裁判官の懲戒処分は、弾劾による罷免事由よりも程度が軽く、「職務上の義務に違反し、若しくは職務を怠り、又は品位を辱める行状があったとき」（裁49条）は、懲戒に服する。なお、一般の公務員の懲戒処分には罷免も含まれるが、裁判官については、78条前段が罷免の場合を特に限定していることから、懲戒処分として罷免することはできない。裁判官分限法は、「裁判官の懲戒は、戒告又は一万円以下の過料とする」（2条）と定める。

(3) 裁判官の報酬

裁判官は、すべて定期的に相当額の報酬を受け、この報酬は在任中、減額することができない（79条6項、80条2項）。これは、裁判官が経済的利害に左右されることなく、安定した生活にもとづき、独立してその職務に専念できるようにするためのものである。在任中とは、裁判官としての地位にある間の意味であるから、病気などのため職務を執ることができない場合でも、裁判官としての地位を失わない間は、報酬を減額されることはない。ただし、懲戒処分としての過料は、結果的に裁判官の収入減をもたらすとしても、報酬の減額そのものではない。

④ 裁判の統制

裁判に対する統制のし方として、裁判官の弾劾裁判（64条）、最高裁判所裁判官の国民審査（79条）、裁判公開の原則（82条）がある。ここでは裁判公開の原則についてみる。

I　裁判公開の原則
(1) 原　則

裁判所の具体的な活動方法については、裁判所法及び最高裁判所規則が規定しているが、82条1項は、「裁判の対審及び判決は、公開法廷でこれを行ふ」として、裁判公開の原則を規定している。これは、裁判に対する国民の監督の機会を保障し、裁判の公正を確保するためのものである。

「対審」とは、訴訟当事者が、裁判官の面前で、口頭でそれぞれの主張をたたかわせることをいい、民事訴訟における口頭弁論および刑事訴訟における公判手続がそれにあたる。

「判決」とは、裁判所の行う判断のうち、訴訟当事者の申立に

かかわる判断をいう。

　「公開」とは、当事者に対してだけではなく、国民一般が傍聴できること（傍聴の自由）を意味する。この傍聴の自由には、報道の自由も含まれると解されている。ただし、刑事訴訟法規則215条はこの報道の自由を制限しており、裁判所の許可を得なければ、公判廷における写真の撮影、録音又は放送をすることができないとしている。法廷でのメモ採取に関して問題となったレペタ訴訟（最大判平元・3・8）で、最高裁は、裁判の公開は裁判の傍聴を可能にするが、傍聴することは権利として要求できるわけではない。またメモを取ることは可能であるが、権利として保障されているわけではないとした。

（2）公開原則の例外

　82条2項は、「対審」について、公開原則の例外を定めている。すなわち、「裁判所が、裁判官の全員一致で、公の秩序又は善良の風俗を害する虞があると決した場合には、対審は、公開しないでこれを行ふことができる」とする。しかし、2項但書は、①政治犯罪、②出版に関する犯罪、③憲法第3章で保障する国民の権利が問題となっている事件、については、いかなる場合も公開を停止してはならないとして、絶対的公開を定めている。

　82条にいう公開されるべき「裁判」とは、国家の刑罰権の有無や当事者間の権利・義務の争いを終局的に決定する訴訟事件を意味する。したがって、裁判所が行うものでも、家庭裁判所が後見的立場から、夫婦として同居義務のあることを前提としつつその具体的内容を形成する処分とか、一種の行政処分として、登記義務に違反した者に民事上の秩序罰である過料を課す作用などは、非訟事件の裁判として、公開されなくても82条違反にはならない（最大判昭40・6・30、最大判昭41・12・27）。

2　陪審制

　司法はすべて通常裁判所に属するという原則から、陪審制を採用することができるかどうかが問題となる。裁判所法３条３項は、「この法律の規定は、刑事について、別に法律で陪審の制度を設けることを妨げない」と規定している。

　陪審には、起訴するか否かを決定する大陪審と、審判において事実を判断する小陪審とがある。いずれの立場にたっても、起訴陪審を含めて陪審制を一切否定する見解はない。一般的には、陪審員の意見だけで判決が決まるような陪審制は違憲であるが、裁判官が陪審員の判断に拘束されるようなものでない限り、陪審制を設けることは可能であると解している。

　なお、平成21年5月21日から裁判員裁判制度が開始した。この制度は、国民が、刑事手続のうち地方裁判所で行われる殺人などの重大な犯罪を扱う刑事裁判に参加し、被告人が有罪かどうか、有罪の場合どのような刑にするのかを裁判官と一緒に決める制度である（裁判員の参加する刑事裁判に関する法律２条）。原則として裁判員６人と裁判官３人が、一緒に刑事裁判の審理に出席し、証拠調べ手続や弁論手続に立ち会った上で、評議を行い、判決を宣告する。

5 違憲立法審査権

I　違憲立法審査権の性格

　81条は、「最高裁判所は、一切の法律、命令、規則又は処分が憲法に適合するかしないかを決定する権限を有する終審裁判所である」として、違憲立法審査権を導入している。これは、憲法が最高規範であること（98条）を手続的に保障するものである。

　81条の定める違憲立法審査権は、一般に、司法裁判所型の違

憲立法審査制であると考えられている。すなわち、裁判所は、具体的な事件と無関係に法令などの合憲性を一般的・抽象的に判断することはできないのであり、提起されている具体的事件を処理するのに必要な限りで憲法判断を行うのである。最高裁は、違憲立法審査権の性格について、警察予備隊違憲訴訟（最大判昭27・10・8）で、「わが現行の制度の下においては、特定の者の具体的な法律関係につき紛争の存する場合においてのみ裁判所にその判断を求めることができるのであり、裁判所がかような具体的事件を離れて抽象的に法律命令等の合憲性を判断する権限を有するとの見解には、憲法上及び法令上何等の根拠も存しない」として、付随的違憲審査制であることを示した。

　違憲審査制は、アメリカに代表される、通常の司法裁判所による審査制度と、ドイツなどで行われている憲法裁判所によるものとに大別できる。後者は、憲法問題を特別視し、憲法秩序の維持を第一義的な目的とするもので、その手続などについては特別な考慮が払われている。そこでは具体的な訴訟事件とは関わりなく、抽象的に憲法判断が行われる点に特色がある（抽象的違憲審査制）。

2　違憲立法審査権の主体

　違憲立法審査は、最高裁判所のみならず、すべての裁判所がこれを行うことができる。最高裁も、違憲立法審査は、憲法によってすべての裁判官に課せられた職務と職権であり、「憲法81条は、最高裁判所が違憲審査権を有する終審裁判所であることを明らかにした規定であって、下級裁判所が違憲審査権を有することを否定する趣旨をもっているものではない」（最大判昭25・2・1）としている。実際に、下級裁判所も憲法判断をしている。

3　違憲立法審査権の対象

81条は「一切の法律、命令、規則又は処分」を違憲立法審査の対象としている。これらは例示的列挙であり、憲法より下位のすべての法規範、国家行為が違憲審査の対象となる。条例は「法律」に準じて扱われる。裁判所の「裁判」は、「個々の事件について具体的処置をつけるものであるから、その本質は一種の処分である」(最大判昭23・7・8)から、審査の対象となる。

①「命令」とは、行政機関によって制定される法形式であり、政令、省令などのほかに、会計検査院規則や人事院規則なども含まれる。「規則」とは、衆議院・参議院規則、最高裁判所規則などである。「処分」とは個別的・具体的な国家行為をいい、行政機関の処分がその典型である。議員の資格争訟などの裁判や議員の懲罰、議院の議事手続などは、議院の自律性を尊重する観点から、違憲立法審査の対象にならない。

②条約が違憲立法審査の対象となるかどうかについては争いがある。条約の締結手続が違憲立法審査の対象となることについては異論はない。問題は、条約の内容の審査についてである。否定説は、条約優位の効力を根拠とする。肯定説は、憲法全体の精神・構造を根拠とする。最高裁は、砂川事件(最大判昭34・12・16)で、安全保障条約は「主権国としてのわが国の存立の基礎に極めて重大な関係をもつ高度の政治性を有するものというべきであって、その内容が違憲なりや否やの法的判断は、その条約を締結した内閣およびこれを承認した国会の高度の政治的ないし自由裁量的判断と表裏をなす点がすくなくない」として、「一見極めて明白に違憲無効」でない限りは、審査権は及ばないとしている。しかし、条約を施行するための国内法が対象となることはいうまでもない。

③立法不作為に対して違憲審査が可能かどうかが問題となる。在宅投票制度廃止事件で最高裁は、「国会議員の立法行為は、立法の内容が憲法の一義的な文言に違反しているにもかかわらず国会があえて当該立法を行うというごとき、容易に想定し難いような例外的な場合でない限り、国家賠償法1条1項の規定の適用上、違法の評価を受けない」とした（最判昭60・11・21）。しかしその後、在外国民の選挙権を認めていなかったことの不作為が問題となった在外日本人選挙権訴訟で最高裁は、「在外国民であった上告人らも国政選挙において投票をする機会を与えられることを憲法上保障されていたのであり、この権利行使の機会を確保するためには、在外選挙制度を設けるなどの立法措置を執ることが必要不可欠であったにもかかわらず、…昭和59年に在外国民の投票を可能にするための法律案が閣議決定されて国会に提出されたものの、同法律案が廃案となった後本件選挙の実施に至るまで10年以上の長きにわたって何らの立法措置も執られなかったのであるから、このような著しい不作為は上記の例外的な場合に当たり」、違法な立法不作為であるとした（最大判平17・9・14）。

4　違憲判決の効力

ある法令が裁判所により違憲と判断された場合、その法令の効力については一般的効力説と個別的効力説が対立する。

一般的効力説は、違憲判決によって法令の効力は一般的に失われ無効になると解する。これに対し通説・判例は、違憲立法審査は具体的事件の裁判に付随して行使されるので、違憲判決によって直ちに法令の効力が否定されるのではなく、その事件では無効なものとして適用されないとする個別的効力説にたつ。したがって、国会が改正、廃止しない限り、その法令は残る。

人権の意義

① 人権の歴史

Ⅰ 人権の萌芽

人が人であるというだけでもつことのできる権利を、人権（基本的人権、基本権、権利とも呼ばれる）という。97 条は、「この憲法が日本国民に保障する基本的人権は、人類の多年にわたる自由獲得の努力の成果であって、これらの権利は、過去幾多の試練に堪え、現在及び将来の国民に対し、侵すことのできない永久の権利として信託されたものである」と規定する。わたしたちが享有する人権は、歴史の中で生成、確認されてきたのである。

近代憲法の歴史は、国民の基本的な自由および権利の充実を追求して展開されてきたものである。それは個人の尊厳と、国家権力による干渉や制約を許さない「国家からの自由」を内容とするものであった。すなわち、近代革命によって権力による束縛から個人を解放し、それによって人々は解放された自由な状態（freedom）を手に入れたのである。そして、自由な状態を放置せず、法の支配の考え方の下で法的に守ることを意図して自由権が確立したのである。したがって、はじめのうちは自由権が主な内容であり、宗教の自由、人身の自由、言論の自由、財産の自由などが問題にされた。後には、請願権や裁判を受ける権利、あるいは参政権も国民の権利として登場してきた。

2 社会権の登場

社会権思想の形成は、近代的自由だけでは保障することのできない人間の生存を確保していこうとするところにその端緒をみることができる。近代は、夜警国家、自由主義国家という国家観のもとで、自由と平等を人権保障の中心においた。その中でもとくに財産権の保障、契約の自由は、自由放任政策（レッセ・フェール）と結びつくことによって資本主義経済を発展させてきた。そこでは、各人の生存は各人の責任のもとにあった。しかし、資本主義経済の発展が制度的・構造的に社会的・経済的弱者をうみだし、失業や貧困というような弊害をもたらすことになった。ここに至り、人間らしい生活の保障を求めて、社会国家、福祉国家の理念のもとで新しい形態の社会権が採り入れられるようになった。社会権を憲法上はじめて規定したのが、1919 年（大正 8 年）のドイツライヒ憲法（ヴァイマル憲法）であった。「経済生活の秩序は、すべての人に、人たるに値する生存を保障することをめざす、正義の諸原則に適合するものでなければならない。各人の経済的自由は、この限界内においてこれを確保するものとする」と規定し、さらに健康な住居の供与、労働力の保護、労働者の団結権、労働者の経営参加権、義務教育の無償、所有権の公共の福祉による制限などの規定がおかれた。ただし、社会権の保障は自由権の保障を前提とするものであり、自由権を否定するとか、自由権と社会権は対立するということを意味するのではないことを注意しなければならない。

3 人権保障の国際化

1948 年に採択された世界人権宣言は、人権の国際化に弾みをつけた。前文で、「人類社会のすべての構成員の固有の尊厳と平

等で譲ることのできない権利との承認は、世界における自由・正義及び平和の基礎をなしている」と宣言している。さらにこの世界人権宣言を法的拘束力をもって実現するために、1966年に国際人権規約が採択された。これは、「経済的・社会的及び文化的権利に関する規約」（A規約）、「市民的及び政治的権利に関する規約」（B規約）および「B規約の選択議定書」からなり、日本では1979年から発効している。

② 人権の体系

1　人権の分類

　一般的なモデルは、国家に対する国民の地位に着目した、19世紀ドイツの公法学者イェリネクの分類である。それによると、国民の地位は、①国民の義務を内容とし、国民が国家に従属する地位にある、受動的地位、②伝統的な自由権を内容とし、国家から自由な地位にある、消極的地位、③受益権などを内容とし、国家の積極的な行為を請求する地位にある、積極的地位、④参政権などを内容とし、国民は国家機関として国家意思の形成に参加する地位にある、能動的地位、の4つに分類される。このモデルの影響は大きいが、日本国憲法の人権保障体系は、たとえば次のように整理することができよう。

2　分類の相対性

　上記の分類は一つの目安である。これまで承認されてきた人権あるいは新しく承認されようとしている人権が、必ずしも類型どおりに区別できないことが指摘されてきている。たとえば、社会権に分類される労働基本権の中のストライキ権は、その自由権的側面が見落とされがちである。すなわち、ストライキに対する制

包括的権利	幸福追求権	
平等権	法の下の平等、貴族の禁止、栄典の授与、家族生活における個人の尊厳と両性の平等	
自由権	精神的自由	思想及び良心の自由、信教の自由、学問の自由、集会・結社及び表現の自由、通信の自由
	経済的自由	居住・移転及び職業選択の自由、外国移住及び国籍離脱の自由、財産権
	人身の自由	奴隷的拘束及び苦役からの自由、適正手続の保障、不法に逮捕されない権利、不法に抑留又は拘禁されない権利、住居の不可侵、拷問及び残虐刑の禁止、被告人の権利、自白強要の禁止、自白の証拠能力、刑罰法の不遡及と一事不再理
社会権	生存権、教育を受ける権利、勤労の権利、労働基本権	
国務請求権	国家賠償請求権、裁判を受ける権利、刑事補償請求権	
参政権	公務員の選定・罷免権、請願権、最高裁判所裁判官の国民審査、地方自治特別法の同意権、憲法改正の承認権	

限、禁止がある場合に、それを排除することができるという性格である。また、知る権利は情報の受領を妨げられないという自由権としての性格を有すると同時に、情報の公開を請求するという社会権的あるいは参政権的側面をも含んでいる。さらに、環境権もこの人権の機能性をとらえて、根拠づけを13条および25条に求めようとするのである。このようなことから、分類は相対的である。

③ 国民の義務

　明治憲法の下では、兵役の義務と納税の義務が規定されていたが、日本国憲法では戦争放棄、平和主義の採用により兵役の義務は排除された。なお、12条は、少なくとも法的義務ではない。

1　国民の義務

（a）**教育を受けさせる義務**（26条2項）　　子女を保護するものは、その子女に対して普通教育を受けさせる義務がある。

（b）**勤労の義務**（27条1項）　　これは強制労働を認める趣旨ではなく、労働能力を持ちながら労働しない者には、国家は労働の機会あるいは給付を保障しないことを意味する。

（c）**納税の義務**（30条）　　国民は、国家の存立を確保し、国家の財政基盤を支える義務を負う。84条は租税法律主義を規定しているが、財政立憲主義という点から30条と84条は重複する。

2　憲法尊重擁護義務

上記の国民の義務のほかに憲法99条は、「天皇又は摂政及び国務大臣、国会議員、裁判官その他の公務員は、この憲法を尊重し擁護する義務を負ふ。」として、憲法尊重擁護義務を規定している。

12

公共の福祉

❶ 公共の福祉

　12 条で人権の濫用禁止と、公共の福祉のための利用責任、13 条で公共の福祉に反しない限り、生命、自由および幸福追求に対する国民の権利を国家権力は最大限尊重すべきことを規定する。また、22 条 1 項では公共の福祉に反しない限りで職業選択の自由を保障するとし、29 条 2 項では公共の福祉に適合するように財産権の内容を法律で定めると規定する。これは、「公共の福祉」による人権への制約がありうるとかつては理解されていた。実際、最高裁の判例では、全逓東京中郵事件判決（最大判昭 41・10・26。この判決では比較衡量論を展開した）以前は、公共の福祉を人権の一般的制約原理ととらえ、公共の福祉に反する場合人権は制限ないし剥奪されるとしてきた。これは、法律によりさえすれば制限は容易であるとする立場であり、明治憲法における「法律の留保」となんらかわりがない。

　これに対して学説は、12 条、13 条の「公共の福祉」はすべての人権に論理必然的に内在する制約（内在的制約）を明らかにしたものであり、22 条、29 条の「公共の福祉」は政策的制約を予定しているとする見解、あるいは前国家的権利は 22 条、29 条のような規制がない限り制約できないが、後国家的権利は公共の福祉による制約を可能とする見解などがある。「公共の福祉」といっても、このように「自由国家的公共の福祉」と「社会国家的公

共の福祉」の二種類があることが指摘されている。公共の福祉は
いわば社会全体の利益であるとも言えるが、重要なのは実際にど
のような意味でどのように使われているかである。前述のよう
に、公共の福祉に反する場合に人権を制約するという使い方では
曖昧であり、合理性に欠ける。それと異なり、次に説明するよう
に、近時の裁判所は違憲審査を行う際に審査基準を用いながら人
権と人権の衝突を解決してきた、つまり公共の福祉の内容をある
程度明確にしてきていると言える。ただ留意しなければならない
のは、人権の制約根拠は他者の人権である場合だけではなく、自
分自身である場合、社会全体の利益である場合など多様である。
ここでも注意しなければならないのは、国家の都合を公共の福祉
に重ね合わせて人権を制約するという論理を認めるわけではな
い。

2 違憲審査基準

　人権の規制立法に対する合憲性の問題は、当該法律の規制に合
理性があるかどうかについて論じられる。

I 比較衡量論

　人権を規制することによって得られる利益と人権を規制しない
ことによって得られる利益を比較衡量して、規制立法の合憲性を
判断する理論である。たとえば、全逓東京中郵事件判決は、「労
働基本権の制限は、労働基本権を尊重確保する必要と国民生活全
体の利益を維持増進する必要とを比較衡量して、両者が適正な均
衡を保つことを目処として決定すべきである」とする。そのほか
にも、博多駅 TV フィルム提出命令事件（最大決昭 44・11・26）
で採用されている。しかしこの理論には、異なる次元の価値衡量

が適切かどうか、衡量の仕方によっては規制側の利益（公益）が優位にたつのではないか、などの問題が指摘できる。

2　二重の基準論

人権の中でも、とくに精神的自由は民主政治にとって必要不可欠の権利であり、さらにこれは人間性そのものの保障でもあるから、経済的自由に比べて高い価値を有する。したがって、精神的自由は優越的地位におかれ、それに対する規制立法は単なる合理性があるだけでは不十分であり、「厳格」な審査が求められるとする理論である。最高裁判例は、たとえば薬事法違憲判決（最大判昭50・4・30）が、経済活動の自由は精神的自由に比較して公権力による規制の要請が強いとして、この理論を採用している。

3　立法事実論

立法事実、すなわち人権を規制する法令が制定された社会的事実の存在を推定することにより、その法令の合違憲性を判断する方法が用いられている。たとえば最高裁は森林法違憲判決（最大判昭62・4・22）で、森林の分割請求を禁止する森林法186条の立法目的を「森林の細分化を防止することによって森林経営の安定を図り、ひいては森林の保続培養と森林の生産力の増進を図り、もって国民経済の発展に資することにあると解すべきである」として立法事実を認定した。

13

法の下の平等

1 平等思想の展開

　この思想は、アメリカ独立宣言においては、「すべての人は平等に造られ、造物主によって一定の譲り渡すことのできない権利を与えられている」と規定し、またフランス人権宣言1条においては、「人は、自由かつ権利において平等なものとして出生し、かつ存在する」とした。平等思想はこのようにして、近代憲法の中核となったのである。すなわち、近代諸国の憲法では、その基本原理として、人間の尊厳を維持するうえにおいて、「自由」とともに「平等」が当然に要求され、「法の下の平等」とそれに基づく平等のための諸規定が定められたのである。

2 「法の下」の「平等」の意味

　14条1項は前段において、すべて国民が「法の下に平等」であるという大原則を掲げるとともに、後段では具体的に「人種、信条、性別、社会的身分又は門地」により、これらのことを理由として「政治的、経済的又は社会的関係において、差別されない」ことを保障している。したがって、この規定は、抽象的原則の宣言たるプログラム規定ないし法的マニフェストではなく、実質的な法規範として、国民に平等権を保障するとともに、客観的原則として法律その他あらゆる国家行為を拘束するものである。したがって、この規定を根拠にして平等違反が争われる法令の違

憲性を直接審査するものと解される。

I　「法の下」の意味

　「法の下」の意味について、法適用の平等（立法者非拘束説）と、法定立の平等（立法者拘束説）が対立している。立法者非拘束説によれば、国家が法を適用する場合に平等に扱うことを要請し、立法に際して国民を平等に扱うことまでは要求しない。ただし、この説も、後段の「人種、信条、性別、社会的身分又は門地」による差別は立法においても禁止されるとする。しかし、憲法が法の下の平等を規定したのは、国民が国政全般において平等に取り扱われなければ個人の尊厳が実現されないと考えたからである。したがって、平等は、立法者拘束説の立場にたって立法者も含む国家作用全般にわたる制約の原理であり、法の定立および適用において平等に取り扱われると解されるべきである。

2　「平等」の意味

　平等の理念からすればいかなる差別も許されず、絶対的平等が求められる。しかし、現実には、能力、性別、年齢などの事実上の差異がある。これらの差異に応じた区別を認めないことは、逆に個人の尊厳の実現からかけ離れてしまうことになろう。したがって、平等は相対的平等と解すべきであり、判例、通説もそう解する。この場合、差異に基づいた区別が許されるのは、「合理性」がある場合だけである（合理的区別）。

3　I4条I項後段列挙事由

　1項後段に掲げられている差別禁止事由は、例示的列挙なのか制限的列挙なのかという問題である。これはなにを差別してはな

らないのかについて、例示的列挙説によれば合理的区別が認められるのであれば、差別禁止事由は代表的なものを例示したにすぎないと解せられる。したがって、列挙事由にあたらなくても合理性がなければ差別を許さず、また列挙事由にあたるときでも合理性があれば区別は許される。各文言の意味は次のとおりである。

「人種」とは、身体的特性に基づく人類の種類をさす。

「信条」とは、歴史的にみて宗教的信仰であることに疑いはないが、さらに思想的信条、学問的信条、政治的信条なども含むものと解すべきである。

「性別」とは、男女の別である。ただ、男女の肉体的差異に基づいて、女性を保護するという観点は必ずしも差別にはあたらない。それに対し、性に基づく役割分担があるとする意識（ジェンダー）は排除されるべきである。女性差別撤廃条約に基づいて1985年にいわゆる男女雇用機会均等法が制定された。

「社会的身分」については、学説は、①人が社会において継続的に占めている地位、②人が社会において後天的に占めている地位、③出生によって決定される社会的地位、という説が対立している。①が最も広く解し、③が最も狭く解している。

「門地」とは、華族・士族・平民などのような家柄を意味する。したがって、このような門地による差別は禁止される。しかし、皇族はこの門地にあたるが、象徴天皇制にかかわるものとして憲法の認める例外と解される。

以上の事由によって、「政治的、経済的、社会的関係」、すなわちあらゆる生活場面において差別されない。

これまで、たとえば次のような合理的区別が認められてきている。①年齢を基準にして、法律行為能力、選挙権や被選挙権、②所得を基準として、税額に差異をもうける累進課税、などは違憲

とはいえない。

③ 平等原則の具体化

Ⅰ　貴族制度の廃止

14条2項は、門地による差別の禁止の当然の帰結である。1884年（明治17年）華族令による華族（華族は公侯伯子男の爵位を有する特権階級である）、1910年（明治43年）日韓併合後の王族、皇族、朝鮮貴族などの特権的身分の廃止である。

2　栄典の授与

14条3項は栄典の授与を定めるが、それについて特権の賦与を禁止する。栄典とは、特定の人の功労を称する名誉の地位をいう。この地位は、それを受ける一代限りにおいてのみその効力を有する。なお、文化勲章令によって、「文化ノ発達ニ関シ勲績卓絶ナル者」に対して、内閣の決定により文化勲章が与えられ、その者に文化功労者年金法に基づいて一定の年金が支給されるが、これは憲法の禁止する特権には含まれないものと解されている。

3　家族生活における平等

24条は、家族生活について「夫婦が同等の権利を有すること」および個人の尊厳と「両性の本質的平等に立脚すべきこと」を定める。これにより、明治憲法下の旧民法を改正することにより、「家」制度は全面的に廃止され、家族生活における男女の平等が実現された。すなわち、家・戸主・家督相続の制度は全廃され、妻の無能力制もなくなり、財産関係においても夫婦別産制が採用され、親権も父母が共同して平等に行うことになった。

婚姻の自由については、「両性の合意に基づいて成立」すると

し、父母の同意は要件とされない。旧民法では、戸主の同意と一定の年齢要件（男子30歳以下、女子25歳以下）の場合には父母の同意を必要としたが、現行民法では未成年者についてその者を保護する立場から父母の少なくとも一方の同意を必要とする規定があるのみである（民法737条）。

　なお、非嫡出子の相続分を嫡出子の2分の1とする民法900条4号の合憲性について最高裁は、「子にとっては自ら選択ないし修正する余地のない事柄を理由としてその子に不利益を及ぼすことは許されず、子を個人として尊重」すべきであるとして憲法14条1項に違反するとした（最大決平25・9・4）。また、女性の再婚禁止期間につき100日を超過する部分は立法裁量の範囲を超えるものとして違憲とした（最大判平27・12・16）。さらに、夫婦同氏制について、婚姻の際に「氏の変更を強制されない自由」は憲法上保障されておらず、夫婦の氏は夫婦となろうとする者の間の協議に委ねられているので不平等は存在しないとした（最大判平27・12・16。最大判令3・6・23も参照）。同性婚を認めない民法および戸籍法の婚姻に関する諸規定につき札幌地裁は、憲法14条1項に違反し差別的扱いだと判断した（札幌地判令3・3・17）。

4　公務員の選挙における平等

　憲法は、公務員の選挙について普通選挙を保障し（15条3項）、さらに「人種、信条、性別、社会的身分、門地、財産または収入」による差別を禁止（44条）することによって、政治生活における厳格な平等を要求している。投票における一人一票は、この趣旨に基づくものである。

5　教育の機会均等

　26条1項は、教育の機会均等を保障する。これをうけて教育基本法4条は、「ひとしく、その能力に応じた教育を受ける機会」を保障している。この意味は、障害のある者、経済的理由によって就学困難な者でも等しくその能力に応じて教育を受ける機会が与えられることをいう。

4 平等に関する判例

　平等原則が相対的平等であるとするとき、すべての区別・異なる取扱いが憲法違反になるわけではない。合理性の審査基準に、「厳格」な基準、「厳格な合理性」の基準、「合理性」の基準があげられる。14条1項後段の5つの差別禁止事由だけではなく、それ以外の場合でも厳しく審査すべきであると解されている。

(イ)尊属殺重罰規定違憲判決　　刑法200条の尊属殺重罰規定は、1995年6月1日施行の改正刑法で削除されたが、その規定するところは、「自己又ハ配偶者ノ直系尊属ヲ殺シタ」（尊属殺）場合の刑罰が死刑または無期懲役だけであると定められ、刑法199条の普通殺人に比べ重い刑罰が科せられていた。

　最高裁は、従来、「夫婦、親子、兄弟等の関係を支配する道徳は、人倫の大本、古今東西を問わず承認されている人類普遍の道徳原理」であり、「このような自然的情愛ないし普遍的倫理の維持は刑法上の保護に値する」として、刑法200条を合憲としていた（最大判昭25・10・25）。これに対し、昭和48年判決は違憲と判断した（最大判昭48・4・4）。すなわち、多数意見は、刑法200条の立法目的を25年判決と同様にとらえ、尊属に対する尊重報恩の考え方のもと、尊属であることを刑の加重要件とする規定を設けることには合理的根拠があるとした。し

かし、その立法目的を達成する手段として設けた法定刑の「加重の程度が極端」であって、立法目的達成の手段として均衡を失し、不合理であるとして違憲とした。少数意見は、刑法200条の立法目的それ自体が身分制社会の道徳に根拠をおき、民主主義と個人の尊厳の理念に反し違憲であるとした。この判決の特徴は、尊属殺人に対する加罰自体は合理性があるとしているのであり、誰を殺したのかによる区別した取扱いを違憲としているのではない。したがって、刑罰の加重の程度が極端でなければ、その規定は合憲になりうるのである（たとえば、旧刑法205条2項の尊属傷害致死は合憲である：最判昭49・9・26）。親を大事にすることは、道徳上は妥当するにしても、それを法律で強制することに合理性があるとは考えにくい。

(ロ)議員定数不均衡違憲判決　　平等選挙は一人一票を原則とするが、それだけではなく投票された一票が一票として数えられる「一票の重さ」も平等でなければならない。

　　最高裁は、1972年に行われた衆議院議員選挙の際の、最大格差1：4.99という不均衡を違憲とした（最大判昭51・4・14）。それによると、憲法は、「国会議員の選挙における各選挙人の投票価値が平等であることを要求」するものであり、国会の裁量権を考慮しても合理性が許されない程度に達しており、かつ投票の価値の不平等が合理的期間内に是正されなければ、違憲となるとした。合理性の判断は、格差がどの程度かということと、是正に至る期間（合理的期間）がどのくらいかで判断される。

(ハ)サラリーマン税金訴訟　　サラリーマン税金訴訟（いわゆる大島訴訟）で、給与所得者と事業所得者との間の所得税の不平等が争われた。最高裁は、「税金負担を定めるにつき、国政全般

からの総合的な政策判断が必要であり、かつ課税要件定立につ
ききわめて専門技術的な判断が必要ゆえに、租税立法における
所得の性質の差などを理由とする取扱いの区別は、その立法目
的が正当であり、かつ当該立法で具体的に用いられた区別の態
様が右目的との関連で著しく不合理なことが明白でない限り」、
違憲ではないとした（最大判昭 60・3・27）。

㈡地域的取扱いの不平等　　売春等取締条例が地域によって異な
るのは平等原則に反するとして争われた事件で、最高裁は、
「憲法が各地方公共団体の条例制定権を認める以上、地域によ
って差別を生ずることは当然に予期されることであるから、か
かる差別は憲法みずから容認する」と判示した（最大判昭 33・
10・15）。

㈤堀木訴訟　　障害福祉年金と児童扶養手当の併給禁止が平等原
則違反にあたるとして争われた堀木訴訟（最大判昭 57・7・7）
で、最高裁は、「併給調整条項の適用により…障害福祉年金を
受けることができる地位にある者とそのような地位にない者と
の間に児童扶養手当の受給に関して差別を生ずることになると
しても…とりわけ身体障害者、母子に対する諸施策及び生活保
護制度の存在などに照らして総合的に判断すると、右差別がな
んら合理的理由のない不当なもの」であるとはいえないとし
た。この判決は、立法裁量論を展開することによって、実質的
には、児童扶養手当を受給される者とそうでない者との間の差
別の合理性を判断していないといえるであろう。

㈥その他　　日産自動車女性若年定年制事件（最大判昭 56・3・
24）や三菱樹脂事件（最大判昭 48・12・12）についても参照さ
れたい（**後述 99 頁、166 頁参照**）。

思想・良心の自由

1 思想・良心の自由の意義

　明治憲法では、思想・良心の自由は規定されていなかった。それに対し、憲法は、人格的生存すなわち個人の尊厳の不可欠の前提として、思想・良心の自由を保障している（19条）。思想・良心とは、内心におけるものの見方ないし考え方（世界観、人生観、主義、信条など）をいう。

　思想と良心の区別について、思想を内心の自由の論理的側面、良心を内面的自由の倫理的側面とする見方もあるが、あえて両者を区別する必要はない。両者あわせて内心の自由ともいわれる。内心の作用が、宗教の領域に属するときは信教の自由（20条1項）、学問体系の形をとるときは学問の自由（23条）、一般的な表現形態のときは表現の自由（21条）としても保障される。

　思想・良心の自由を保障する意義は、第一に、ある思想・良心をもっていること、もしくはもっていないことを理由として、国家による干渉、不利益な取扱いを許さないということである。このようなことが許されるときには、個人の内心の自由はありえなくなる。第二に、特定の思想を強要・表明されない権利、すなわち沈黙の自由の保障である。公務員に憲法尊重擁護の宣誓をさせることは、沈黙の自由を侵すことにならないかが問題になりそうだが、これは憲法自らが予定している憲法尊重擁護義務（99条）の表明にすぎず、特定の信条などを告白させるものではなく、19

条違反にはならない。

2 判　例

(イ)最高裁判所裁判官の国民審査について、国民審査の制度は、その実質において解職の制度とみることができるから、罷免をする方がいいかどうかわからない者の票を罷免を可としない票に数えても思想・良心の自由を侵害しない、とした（最大判昭27・2・20）。

(ロ)名誉毀損に対する救済方法として謝罪広告を新聞紙等に掲載すべきことを命ずることは、単に事態の真相を告白し陳謝の意を表明するにとどまる程度のものであれば、加害者に屈辱的もしくは苦役的労苦を科し、倫理的な意見・良心の自由を侵害することを要求するものと解されないとした（最大判昭31・7・4）。

(ハ)三菱樹脂事件において、企業者が特定の思想・信条を有する者をそのゆえをもって雇い入れることを拒んでも、それを当然に違法とすることはできない以上、企業者が労働者の採否決定にあたり、労働者の思想・信条を調査しそのためその者からこれに関連する事項についての申告を求めることも、法律上禁止された違法行為とすべき理由はないとした（最大判昭48・12・12）。

(ニ)ピアノ伴奏拒否事件（最判平19・2・27）において、校長が音楽教師に対して入学式の国歌斉唱の際にピアノ伴奏を求める職務命令が、教師の「歴史観ないし世界観それ自体を否定するものと認めることはできない…［また］特定の思想を持つことを強制したり、或いはこれを禁止したりするものではなく、特定の思想の有無について告白することを強要するものでもなく、…憲法19条に反するとはいえない」とした。

学問の自由

1 意義と内容

学問とは、真理の探究である。真理の探究は、現在の真理への疑いを出発点とし、絶えず現体制、およびその価値秩序に問いかけるものであり、過去の歴史も示すように公権力による干渉・弾圧がなされやすい。日本では、明治憲法においては学問の自由の規定はなかったが、現実には大学の自治が確立されてきていた。しかし、軍部の台頭によって、京大滝川事件（1933年）や天皇機関説事件（1935年）など学問の自由に対する抑圧が行われた。そこで日本国憲法では、精神的自由としての学問の自由を保障し、公権力による干渉を排除したのである。

学問の自由においては、学説の国定化は排除される。そこで、学問の自由は、学問研究の自由、研究結果発表の自由、教授の自由をその内容とする。これらは19条や21条でも保障されるが、学問研究には「高い程度の自由」が必要とされることから、独自に23条が設けられたのである。

学問研究の自由については、研究内容・方法などは権利主体の自由であり、絶対的な自由であると解することができる。ただし、プライバシーの侵害など他者の権利を侵害することは許されないし、反社会的な研究も許されるものではない。

研究結果発表の自由については、発表する内容や方法は多様である。しかしここでも、他者のプライバシー権を侵害するなどの

権利侵害を認めることはできないのは当然である。

❷ 教授の自由と教育の自由

　従来は、教授の自由を大学におけるものと限定してきた。この考え方は、「教授の自由」と「教育の自由」を別々の意味にとらえ、前者は 23 条を根拠として大学における教授の自由であるとし、後者は 26 条を根拠として高等学校以下の下級教育機関の教師の教育の自由ととらえる。たとえば、ポポロ劇団事件（最大判昭 38・5・22）で最高裁は、教育ないし教授の自由は学問の自由と密接な関係を有するとしても必ずしもこれに含まれるものではないとしたうえで、大学において教授する自由は保障されるとした。

　しかしその後、下級教育機関にも教育の自由の保障はあると考えられてきている。旭川学テ事件（最大判昭 51・5・21）で最高裁は、学問の自由は「単に学問研究の自由ばかりでなく、その結果を教授する自由をも」含み、さらに普通教育の場においても「一定の範囲における教授の自由が保障されるべき」であるとして、23 条を根拠に保障範囲を下級教育機関の教師の教授の自由にも拡大した。しかし、普通教育においては、児童生徒に批判能力がなく、教師が児童生徒に対して強い影響力、支配力を有することを考え、また子どもの側に学校や教師を選択する余地が乏しく、教育の機会均等をはかる上からも全国的に一定の水準を確保すべき強い要請があること等に思いをいたすときは、「普通教育における教師に完全な教授の自由を認めることは、とうてい許されない」とした（同趣旨の判例として、最判平 2・1・18：伝習館高校事件）。

3 大学の自治

1 意味、性格

　学問の自由は、一面において広くすべての国民に対してそれらの自由を保障するとともに、他面において大学が学術の中心として深く真理を探究することを本質とすることに鑑みて考慮される。このことから学問の自由の客観的な側面として、大学の自治が保障される。ポポロ劇団事件最高裁判決も、「大学における学問の自由を保障するために、伝統的に大学の自治が認められる」とする。大学の自治とは、大学内部の組織・運営について外部勢力の干渉を排除し、大学の自主的な決定に委ねることをいう。

　ところで、大学の自治を制度的保障と解し、大学の自治が23条によって憲法上承認されることから、法律による大学の自治の否定を認めないという考え方については、憲法の枠内においてのみ大学という団体を認める論理になってしまうことに留意する必要がある。

2 内　容

　大学の自治の内容について、ポポロ劇団事件最高裁判決は、「大学の自治は、とくに大学の教授その他の研究者の人事に関して認められ、…また、大学の施設と学生の管理についてもある程度で…大学に自主的な秩序維持の権能が認められている」とした。

　(a) **人事の自治**　　学長、学部長などの管理者の人事も含め、教授その他の研究者の人事は、その大学における教員によって決定されなければならない（学校教育法93条1項によれば、大学には教育研究に関する重要な事項を審議するために教授会が置かれること

から、人事の決定権は教授会にあると解釈することができる）。

　（b）**施設管理の自治**　　大学の施設等の管理・運営は大学によってなされなければならない。この点でこれまで問題となったのは、大学の自治と警察権との関係である。大学の自治は治外法権を意味するわけではないので、犯罪捜査の場合のように警察の立ち入りがまったく否定されるわけではないといえる。しかし、それ以外の公安活動などの場合には問題となる。

　ポポロ劇団事件は、警察権力が大学構内において長期間にわたり劇団の活動等の情報収集を行っていたことが問題となった。最高裁は、「大学における学生の集会（は）、…大学の許可した学内集会であるとかいうことのみによって特別な自由と自治を享有するものではない。学生の集会が真に学問的な研究またはその結果の発表のためのものでなく、実社会の政治的社会的活動に当たる行為をする場合には、大学の有する特別の学問の自由と自治は享有しない。…とくに一般の公衆の入場を許す場合には、…公開の集会とみなされる」べきである。「本件集会は、真に学問的な研究と発表のためのものでなく、実社会の政治的社会的活動であり、かつ公開の集会またはこれに準ずる」活動であるとして、警察権の立ち入りは大学の学問の自由と自治を侵害しているとはいえないとした。

　また、大学構内において制服警察官が不審な活動をしていることが問題となった愛知大学事件（名古屋高判昭45・8・25）で名古屋高等裁判所は、学問研究の自由、大学の自治に対する「権力による干渉は、学園における自由な真理探求の気風を阻害するおそれが最も大きく、やがて、それは自由な研究そのものの萎縮をもたらす」ことになる。「犯罪捜査のためといえども、学内立入りの必要性の有無は、これを警察権の一方的（主観的）認定に委ね

られるとすれば、やがて、その面から実質的に大学の自主性がそこなわれるに至るおそれが出てくる。そこで、緊急その他已むことを得ない事由ある場合を除き、大学内への警察官の立入りは、裁判官の発する令状による場合は別として、一応大学側の許諾または了解のもとに行うことを原則とすべき」であるとした。

(c) **学生管理の自治**　大学は人的には教員、職員、学生から構成される。学生も大学の一構成員である。この学生と大学の関係については、大学は教育機関でもあることから、学生は大学による管理の対象となる。この点で、学生管理と政治活動が問題となった昭和女子大事件（最判昭 49・7・19）で最高裁は、「大学は…その設置目的を達成するために必要な事項を学則等により一方的に制定し、これによって在学する学生を規律する包括的権能を有する。…学生の政治活動につきかなり広範な規律を及ぼすこととしても、これをもって直ちに社会通念上学生の自由に対する不合理な制限であるということはできない」とした。しかし、学生の管理権の問題と市民としての政治活動の自由の問題は別物である。

つぎに、大学の自治における学生の地位が問題となる。すなわち、学生は大学の自治の主体であるかどうかの問題である。学生も学問研究および学習の主体であるが、それは 23 条、26 条、21 条などにかかわる問題である。人事の自治、施設管理の自治、学生管理の自治という大学の自治は、教員、大学側にあり、学生はその主体たりえない。たとえば、大学が規則を設けて学長選挙に学生の参加を認めることは、一大学内の問題であり、大学の自治の内容そのものではない。

④ 先端科学技術と学問の自由

1973 年にアメリカ合衆国最高裁判所は、手術に伴う危険を回避するために母体を保護する場合にのみ中絶を認めるテキサス州法を違憲と判断した（Roe v. Wade）。その理由は、医学技術の発展により、中絶手術の危険性がはるかに少なくなった、というものである。

その後の科学の進歩は、臓器移植や遺伝子治療などの医学技術の発展をはじめとして、クローン研究、遺伝子研究などの先端科学技術が急激に進歩、発達している。これは生命・身体に有益であるというよりは、むしろ生命倫理の問題、あるいは人の生命・身体に損害をもたらす危険性がある問題である。このことから、学問の自由との関係で、少なくともこれらの研究に対し研究者自身や大学・研究機関の自律ある判断が求められる。しかしさらには、生命などの諸価値との衡量の結果、その研究がもたらす危険の重大性・不可逆性、危険発生の予測の困難性などから研究に対して厳しい規制を認めなければならない場合もある。人体実験などの反社会的研究活動が認められないのは当然であり、自然界に対する予測のできない危険をもたらすものを容認する余地はない。

信教の自由

1 信教の自由

1 意 義

　明治憲法下における信教の自由は、「安寧秩序ヲ妨ケス及臣民タルノ義務ニ背カサル限ニ於テ」(明治憲法 28 条) のみ認められるにすぎなかった。しかも、「神社は宗教にあらず」という論理の下、神道が国家神道として認められ、神社を崇拝することは臣民の義務であった。このように、信教の自由は形骸化されていった。それに対して、日本国憲法 20 条はなんらの制約もなく信教の自由を保障している。

　「宗教」の概念については、津地鎮祭事件控訴審判決 (名古屋高判昭 46・5・14) は、「超自然的、超人間的本質 (…神、仏、霊等) の存在を確認し、畏敬崇拝する心情と行為」と解している。

2 内 容

　(a) 宗教的信仰の自由　　宗教を信じ、または信じない自由、宗教を変える自由、あるいは信仰告白の自由および沈黙の自由などが含まれる。

　(b) 宗教上の行為の自由　　礼拝、祈禱、祝典、儀式などを行い、これに参加する自由を含む。2 項が、「何人も、宗教上の行為」等に参加を強制されないと消極的に規定する。

　(c) 宗教上の宣伝または布教の自由

　(d) **宗教的結社の自由**　　宗教団体（特定の信仰を有する者による当該宗教目的を達成するための組織）の結成・不結成・加入・不加入などや、団体としての意思表示・諸活動につき公権力により干渉を受けない。21 条 1 項の結社の自由の保障は、ここには適用されない。なお、宗教法人法 12 条は、宗教法人の設立について所轄庁の認証を必要としているが、宗教法人として法人格をえなくても、宗教活動は妨げられない。

3　限　界

　内心における信仰の自由は、憲法上の他の人権、価値との衝突がないため絶対的に保障され、公共の福祉を理由とする制約も許されない。しかし、信教の自由が、内心の領域にどまらず、外部的行為として現れる場合には、その行為が規制されることがありうる。信仰を理由として、一般的法義務を拒否することはできない。ただ、日本にはないが、良心的兵役拒否のような場合は拒否しうる。

　最高裁は、精神異常者の平癒を祈願するために宗教行為として行われた加持祈禱行為によってその者を死亡させた事件（最大判昭 38・5・15）で、他人の生命身体等に危害を及ぼす違法な有形力の行使は、信教の自由の保障を逸脱しているとした。また、殉職自衛官合祀拒否訴訟（最大判昭 63・6・1）で、最高裁は、信教の自由の保障は、何人も自己の信仰と相容れない信仰を持つ者の信仰にもとづく行為に対して、寛容であるべきであるとして、宗教的人格権は法的利益として認められないとした。しかし、隊友会の行為を私人の行為と同列にとらえることには疑問がある。

2 政教分離

I 意義、性格

憲法20条は、個人の信教の自由を保障するとともに、政教分離として、宗教団体への特権付与の禁止、宗教団体による政治上の権力行使の禁止（20条1項後段）、国およびその機関による宗教教育および宗教活動の禁止（20条3項）、公の財産の宗教上の組織、団体への支出の禁止（89条）を定めている。これは、国家の世俗化、宗教の私事化、すなわち国家の非宗教性、政治的中立性を要請するものである。

国家権力と宗教団体が結びついたとき、民主制は危機に瀕し、人間の尊厳は失われることになる。これは歴史が示すところであり、日本でも明治憲法下において、国家と神道の結びつきから信教の自由が侵害された事実がある。このような歴史への反省から日本国憲法は、厳格な政教分離原則を定めた。

政教分離の法的性格について、通説は制度的保障であるとし、最高裁も、「政教分離規定は、いわゆる制度的保障の規定であって、…間接的に信教の自由を確保しようとするものである」とする（津地鎮祭事件、最大判昭52・7・13）。

2 分離の程度

国家権力と宗教団体を厳格に分離するといった場合、両者の関わりがみられれば政教分離違反となるとする完全分離の立場がある。しかし、現実には様々な形で両者が関わりをもっている。起源的には宗教的な意味をもっていたとしても、現在では宗教的色彩を失い習俗化するに至った現象（たとえば、門松、クリスマスツリーなど）である。これらを一概に政教分離違反を理由に違憲と

することは現実的ではない。そこで、両者の関わりがどの程度まで許されるのかが問題であるとする限定分離の立場がでてくる。問題は分離の程度を厳格に解するか緩やかに解するかである。この問題の判断基準として目的効果基準が用いられている。

　なお、目的効果基準は、アメリカ最高裁判例で形成されてきたものであり、①国家行為の目的が世俗的か宗教的か、②その主要な効果として宗教を援助したり抑圧したりするものでないこと、③当該国家行為が国家と宗教との過度のかかわりをもたらすかどうか、という三つの要件からなる基準である。

3　目的効果基準と総合的判断

　最高裁は、「当該行為の目的が宗教的意義をもち、その効果が宗教に対する援助、助長、促進又は圧迫、干渉等になるような行為」を20条3項で禁止された宗教的活動であるとして、市体育館の起工式における市の公金支出による神式地鎮祭の挙行を政教分離違反ではないとした（津地鎮祭事件）。

　この用い方は緩やかな分離を容易に容認するものであるとの批判がなされている。しかし、愛媛玉串料事件では最高裁は目的効果基準に依りながら違憲判断を下している（最大判平9・4・2）。すなわち、政府の行為の目的や効果をどのようにとらえるかによってこの基準を厳格に用いることも可能であり、そうすることでこの基準は意味のある判断基準になりうる。

　目的効果基準を用いるということは、20条3項で禁止された宗教的活動であるか否かを判断することであり、それゆえ当該国家行為に宗教性がなければならないことになる。

　なお、後掲の空知太神社事件で最高裁は目的効果基準を用いないで、「社会通念に照らして総合的に判断する」とした。

4　判　例

　政教分離に関する判例は多いが、代表的なものをみておく。

㈠市が体育館建設の起工式において地鎮祭を挙行したことが問題
　となった津地鎮祭事件で、最高裁は、国家と宗教の分離を完全
　に貫こうとすると不合理な事態となる。したがって、政教分離
　原則は、そのかかわり合いがわが国の社会的・文化的諸条件に
　照らし相当とされる限度を超えるものを許さないと解すべきで
　ある。20条3項により禁止される宗教的活動とは、当該行為
　の目的が宗教的意義をもち、その効果が宗教に対する援助、助
　長、促進または圧迫、干渉になるような行為をいう。この基準
　に照らせば、本件地鎮祭が宗教とのかかわり合いをもつことは
　否定しえないが、その目的は土地の平安堅固、工事の無事安全
　を願い、専ら世俗的なものと認められるから、20条3項で禁
　止される宗教的活動に当たらないとした。

㈡愛媛玉串料訴訟では、愛媛県が靖国神社に例大祭の玉串料、み
　たま祭の献灯料を、県護国神社に慰霊大祭の供物料を県の公金
　から支出した。これに対する損害賠償を求めた住民訴訟であ
　る。最高裁は13対2で次のように県の支出を違憲と判断した。
　「神社神道においては、祭祀を行うことがその中心的な宗教上
　の活動であるとされていること、例大祭および慰霊大祭は、神
　道の祭式にのっとって行われる儀式を中心とする祭祀であり、
　各神社の挙行する恒例の祭祀中でも重要な意義を有するものと
　位置づけられていること、みたま祭は、同様の儀式を行う祭祀
　であり、靖国神社の祭祀中最も盛大な規模で行われるものであ
　ることは、いずれも公知の事実である。」「玉串料および供物料
　…献灯料は、…いずれも各神社が宗教的意義を有すると考えて
　いることが明らかなものである。」「これらのことからすれば、

110

県が特定の宗教団体の挙行する重要な宗教上の祭祀にかかわり合いをもったということが明らかである。そして、一般に、神社自体がその境内において挙行する重要な祭祀に際して右のような玉串料を奉納することは、…起工式の場合とは異なり、時代の推移によってすでにその宗教的意義が希薄化し、慣習化した社会的儀礼にすぎないものになっているとまでは到底いうことができず、一般人が本件玉串料等の奉納を社会的儀礼の一つにすぎないと評価しているとは考え難いところである。そうであれば、玉串料等の奉納者においても、それが宗教的意義を有するものであるという意識を大なり小なり持たざるを得ない」「また、本件においては、県が他の宗教団体の挙行する同種の儀式に対して同様の支出をしたという事実がうかがわれないのであって、県が特定の宗教団体との間にのみ意識的に特別の関わりを持ったことを否定することができない。これらのことからすれば、地方公共団体が特定の宗教団体に対してのみ本件のような形で特別の関わりを持つことは、一般人に対して、県が当該特定の宗教団体を特別に支援しており、それらの宗教団体が他の宗教団体とは異なる特別のものであるとの印象を与え、特定の宗教への関心を呼び起こすものといわざるを得ない。」以上の点から、本件玉串料等の奉納は、その目的が宗教的意義をもち、その効果が特定の宗教に対する援助、助長、促進になると認められ、県と靖国神社等との関わり合いは社会的・文化的諸条件に照らし相当とされる限度を超えるものであるとした。

　本件違憲判断は、政教分離に関する事件の最高裁判決としては初の判断である。その特徴は、目的効果基準の厳格な適用である。ただ、この目的効果基準について高橋意見は、「このよ

うな曖昧な基準で…憲法20条3項の宗教的活動を限定的に解することについては、国家と宗教との結びつきを許す範囲をいつの間にか拡大させ、ひいては信教の自由もおびやかされる可能性があるとの懸念を持たざるを得ない」と述べる。この基準が明確な指針たりうるかどうか疑問であるとの指摘は正当である。

(ハ)社団法人隊友会が行った殉職自衛官の護国神社への合祀申請が問題となった殉職自衛官合祀拒否訴訟で最高裁は、合祀申請した自衛官の行為は宗教とのかかわりが間接的であり、その意図、目的も自衛隊員の士気の高揚を図ることにあり、その効果が宗教に対する援助、助長、促進または他の宗教に対する圧迫、干渉になるような行為ではないので宗教的活動とはいえないとした（最大判昭63・6・1）。

(ニ)箕面市が忠魂碑の移設に関し敷地を無償で貸与した行為が問題となった箕面忠魂碑・慰霊祭訴訟（最判平5・2・16）で最高裁は、忠魂碑の移設の目的は小学校校舎の建て替えに伴うもので世俗的であり、その効果が宗教に対する援助、助長、促進または他の宗教に対する圧迫、干渉になるような行為ではなく、したがって箕面市の行為は社会的・文化的諸条件に照らし相当とされる限度を越えるものとは認められないとした。

(ホ)市が所有する土地を神社の敷地として無償で使用させる行為が宗教団体に対する特権の付与にならないかが争われた砂川政教分離訴訟空知太神社事件で最高裁は、「当該宗教施設の性格、当該土地が無償で当該施設の敷地としての用に供されるに至った経緯、当該無償提供の態様、これらに対する一般人の評価等、諸般の事情を考慮し、社会通念に照らして総合的に判断」すると、制度の根本目的との関係で相当とされる限度を超え、

宗教団体に対する特権の付与に該当し違憲であるとした。ここでは目的効果基準を用いないで判断した（最大判平 22・1・20）。

5　特権の禁止

20 条 1 項後段が禁止する「特権」とは、政治、経済などどのような場面であるかを問わず宗教団体が優遇的取扱いをうけることを意味する。寺社等の文化財保護のための支出、宗教系私立学校への公費助成などは、目的効果基準の適用により特権を与えられたとはいえないであろう。

それに対して、問題となるのは靖国神社にかかわる事柄である。かつて靖国神社を国営化するという議論があったが、神社神道は宗教であることは明らかである。また、内閣総理大臣や閣僚による公式参拝も問題であろう。

表現の自由

1 表現の自由の内容

1 優越的地位

明治憲法29条は、「言論著作印行集会及結社ノ自由」を保障していたが、「法律の留保」の範囲内においてであった。これに対し、憲法21条の表現の自由は法律の留保なしに保障される。

表現の自由は自己の人格の形成・発展（自己実現）および民主的政治過程（自己統治）にとって不可欠の自由であると理解され、他の自由に比べて「優越的地位」が認められている。最高裁も薬事法違憲判決で、職業の自由は「精神的自由に比較して公権力による規制の要請」が強いとして、優越的地位を認めている（最大判昭50・4・30）。

表現の自由は、思想、意見、事実など個人の精神活動にかかわる一切の情報の伝達の自由を保障しようとするものである。この情報の伝達は、情報の提供、受領、収集からなるが、この中でも情報の受領・収集は、「知る権利」として構成される。

2 違憲審査基準

表現の自由は民主制の過程を基礎づけるものであるが、表現は外部に表明されることから、他の人の人権と衝突することがある。したがって、表現の自由も完全に無制限であるわけではない。しかし、表現の自由の「優越的地位」からして、その制約に

は慎重でなければならない。かつて裁判所は、その制約を公共の福祉で説明してきたが、現在はさまざまな制約基準（違憲審査基準）を用いて判断する傾向にある。

　(a) **明確性の原則**　　表現の自由を制約する法令は、その規定内容が明確でなければならないとする理論。この理論はさらに、漠然性のゆえに無効の理論と過度の広汎性のゆえに無効の理論に分けられる。ある刑罰法規が不明確であるから31条に違反するかどうかが問題となった徳島市公安条例事件（最大判昭50・9・10）で最高裁は、「通常の判断能力を有する一般人」がその基準を読みとることができる場合には「明確性を欠き憲法31条に違反するものとはいえない」とした。

　(b) **明白かつ現在の危険の原則**　　表現行為の規制は、具体的害悪がもたらされる明白にして現在の危険のある場合に限られるとする理論。最高裁は、新潟県公安条例事件（最大判昭29・11・24）で、「公共の安全に対し、明らかなさし迫った危険をおよぼすことが予見されるときは」集団行動を禁止することができるとする規定を設けても違憲ではないとして、この原則に言及している。

　(c) **LRA（Less Restrictive Alternative）の理論（より制限的でない他の選びうる手段の理論）**　　表現の自由の制約の必要性（目的）を前提としながらも、その目的達成のための規制手段が、表現の自由を最も制限しないものであることを求める理論。公務員の政治的表現が問題となった猿払事件の下級審は、違反に対して加えられる制裁は「必要最小限度のもの」でなければならず、「より狭い範囲の制裁方法」によっても法目的を達成できる場合には、「広い制裁方法」は違憲となる場合があるとする（旭川地判昭43・3・25）。

(d) 比較衡量論、(e) 二重の基準論については、12 公共の福祉参照。

2 表現の自由にかかわる諸問題

(a) 犯罪の扇動　　主要食糧を政府に売り渡さないように扇動することは、政府の政策を批判し、その失政を攻撃するに止まるものではなく、国民として負担する法律上の重要な義務の不履行を慫慂し、公共の福祉を害するものであるから、これに対する処罰は 21 条に違反しない（最大判昭 24・5・18）。破壊活動防止法の合憲性が問題となった事件で最高裁は、「公共の安全を脅かす…重大犯罪をひき起こす可能性のある社会的に危険な行為であるから、公共の福祉に反し、表現の自由の保護を受けるに値しない」として制限を合憲とした（最判平 2・9・28）。

(b) 猥褻文書の頒布禁止　　猥褻文書の規制は、社会における「性行為の非公然性」を前提として肯定されている。最高裁は、チャタレー事件（最大判昭 32・3・13）で、猥褻概念を、「徒に性欲を興奮又は刺激せしめ、且つ普通人の正常な性的羞恥心を害し、善良な性的道義観念に反するもの」（猥褻の三要件）とし、「社会通念」によって判断するとした。「悪徳の栄え」事件（最大判昭 44・10・15）は、猥褻性の有無は比較衡量を用いるのではなく、文書全体との関連においてなされなければならないとした。「四畳半襖の下張り」事件（最判昭 55・11・28）も相対的わいせつ概念を採用し、「当該文書の性に関する露骨で詳細な描写叙述の程度とその手法、右描写叙述の文書全体に占める比重、文書に表現された思想等と右描写叙述との関連性、文書の構成や展開、さらには芸術性・思想性等による性的刺激の緩和の程度」などわいせつ性を判断する基準が示された。

　(c) **営利的言論**　　営利的表現行為の規制については、あん摩師等法において法が定める広告制限について、国民の保健衛生上の見地から公共の福祉を維持するためやむを得ない措置であるとしている（最大判昭36・2・15）。

　(d) **ビラ貼りの規制**　　ビラ貼り、ビラ配り、街頭演説などは、マス・メディアなどの利用ができない一般大衆にとって身近な表現方法のひとつとして重要な意味をもっている。

　しかし、ビラ貼りは屋外広告物法およびそれに基づく条例や軽犯罪法などによって規制されている。条例によるビラ貼り規制が問題となった大阪市屋外広告物条例違反事件（最大判昭43・12・18）で最高裁は、「条例は…大阪市における美観風致を維持し、および公衆に対する危害を防止するために、屋外広告物の表示の場所および方法ならびに屋外広告物を掲出する物件の設置および維持について必要な規制をしている」のであり、「この程度の規制は、公共の福祉のため、表現の自由に対し許された必要且つ合理的な制限」であるとした。同様に軽犯罪法によるビラ貼り規制について最高裁は、軽犯罪法は「他人の家屋…に関する財産権、管理権を保護するために、みだりにこれらの物にはり札をする行為を規制の対象としているものと解すべきところ、たとい思想を外部に発表するための手段であっても、その手段が他人の財産権、管理権を不当に害するごときものは、もとより許されない」（最大判昭45・6・17）として、表現の自由の価値を不当に低く判断した。

　また、ビラ配りについても同様である。駅の構内で許可なくビラ配りしたことが鉄道営業法違反に問われた事件（最判昭59・12・18）で最高裁は、「たとえ思想を外部に発表するための手段であっても、その手段が他人の財産権、管理権を不当に害するご

ときものは許されない」とした。これに対して、伊藤正己補足意見は、道路、公園、広場などの「パブリック・フォーラムが表現の場所として用いられるときには、所有権や、本来の利用目的のための管理権に基づく制約を受けざるをえないとしても、その機能にかんがみ、表現の自由の保障を可能な限り配慮する必要がある」としたが、ただその適用基準は必ずしも明確ではない。

(e) **名誉毀損**　最高裁は、「夕刊和歌山時事」事件（最大判昭44・6・25）で、刑法230条の2第1項に関して、真実の証明がない場合でも、真実であると誤信し、その誤信したことについて確実な資料、根拠にてらして相当の理由があるときは、犯罪の故意がなく、名誉毀損罪は成立しないとする。また、「月刊ペン」事件（最判昭56・4・16）では、「私人の私生活上の行状であっても、その携わる社会的活動の性質及びこれを通じて社会に及ぼす影響力の程度などのいかんによっては、その社会的活動に対する批判ないし評価の一資料として刑法230条の2第1項にいう『公共ノ利害ニ関スル事実』にあたる場合がある」とする。

(f) **プライバシーの権利**　憲法上、プライバシーの権利を定める明文の規定はないが、幸福追求権を根拠として判例・通説によって承認されてきている。プライバシーの権利は、アメリカの判例において、「ひとりで居させてもらいたい権利」として発展してきた。この意味では、プライバシーの権利は私生活・私的領域の保護を目的とする消極的権利である。しかし、さらに、現代の情報化社会を背景に、「自己に関する情報をコントロールする権利」ととらえ、公権力に対して権利保護を要求できる積極的権利へと展開をみせている。

判例上、はじめてプライバシーの権利を認めたのが、「宴のあと」事件（東京地判昭39・9・28）である（後述156頁参照）。判決

は、「私事をみだりに公開されないという保障」を法的救済が与えられるまでに高められた人格的な利益であるとして、プライバシーの権利性を認めた。また、京都府学連事件（最大判昭44・12・24）においても、「承諾なしに、みだりにその容ぼう・姿態を撮影されない自由」が、肖像権と称するかどうかは別として、13条を根拠にして認められた。

　（g）**報道の自由と取材の自由**　　なにかを表現しようとする場合には、外からの情報を得る必要がある。そのためには、取材の自由および報道の自由が表現の自由の一環として保障されなければならない。そのことによって、国民の「知る権利」が保障されることになる。

(イ)取材源の秘匿について、石井記者事件（最大判昭27・8・6）は、21条は、未だいいたいことの内容も定まらず、これからその内容を作り出すための取材に関し、その取材源について司法権の公正な発動につき必要欠くべからざる証言の義務をも犠牲にして、証言拒絶の権利までも保障したものではないとした。

　　その後、NHK記者証言拒否事件で最高裁は、「報道関係者の取材源は、一般に、それがみだりに開示されると、報道関係者と取材源となる者との間の信頼関係が損なわれ、将来にわたる自由で円滑な取材活動が妨げられることとなり、報道機関の業務に深刻な影響を与え以後その遂行が困難になると解されるので、取材源の秘密は職業の秘密に当たるというべきである。」とした（最決平18・10・3）。

(ロ)法廷における写真撮影の制限について、北海タイムス事件（最大決昭33・2・17）は、新聞が真実を報道することは表現の自由に属するが、その活動が公判廷における審判の秩序を乱し被告人その他訴訟関係人の正当な利益を不当に害するがごときも

のは、もとより許されないとした。

(ハ)取材の自由について、博多駅テレビフィルム提出命令事件（最大判決昭44・11・26）は、報道機関の報道は、民主主義社会において、国民が国政に関与するにつき、重要な判断の資料を提供し、国民の「知る権利」に奉仕するものである。したがって、報道の自由は21条の保障の下にあり、取材の自由も21条の精神に照らし十分尊重に値する。しかし、公正な刑事裁判の実現を保障するために、取材の自由が制約を受けることはある。その場合、報道機関の取材の自由が妨げられる程度、報道の自由に及ぼす影響の度合いその他諸般の事情を比較衡量すべきであるとした（捜査機関の差押処分に関して、同趣旨の決定として、リクルート疑惑日本テレビビデオテープ差押事件（最判決平元・1・30）およびTBSビデオテープ差押事件（最決平2・7・9）がある）。

(ニ)国家秘密漏洩について、外務省秘密漏洩事件（最決昭53・5・31：西山記者事件あるいは沖縄密約事件ともいわれる）は、報道機関が公務員に対し根気強く執拗に説得ないし要請を続けることは、それが真に報道の目的から出たものであり、その手段・方法が法秩序全体の精神に照らし相当なものとして社会観念上是認されるものである場合は、実質的に違法性を欠き正当な業務行為といえるが、本件取材行為は、正当な取材活動の範囲を逸脱しているとした。

(h) 反論文掲載請求　　サンケイ新聞事件（最判昭62・4・24）は、私人間において、当事者の一方が情報の収集、管理、処理につき強い影響力をもつ日刊新聞紙を全国的に発行・発売する者である場合でも、21条から直接に反論文掲載請求権が他方の当事者に生ずるものではない。反論文掲載請求権は、これを認める法

の明文の規定は存在しない。反論権の制度は、名誉・プライバシーの保護に資するが、新聞の発行・販売者にとっては負担を強いられることになり、これらの負担が批判的記事の掲載を躊躇させ、憲法の保障する表現の自由を間接的に侵す危険につながる。したがって、不法行為が成立する場合は別として、反論文掲載請求権をたやすく認めることはできないとした。

　(i)　**法廷におけるメモ採取**　　レペタ事件（最大判平元・3・8）は、各人が自由にさまざまな意見、知識、情報に接し、これを摂取する自由は 21 条から派生する。筆記行為の自由は 21 条 1 項の規定の精神に照らして尊重されるべきである。傍聴人が法廷においてメモを取ることは、その見聞する裁判を認識、記憶するためになされるものである限り、尊重に値するとした。

　(j)　**公務員の政治的言論**　　猿払事件（最大判昭 49・11・6）は、公務員の政治的中立性を損なうおそれのある公務員の政治的行為の禁止は、間接的、付随的制約であり、合理的で必要やむを得ない限度にとどまるものである限り憲法の許容するところである。国家公務員法 102 条 1 項および人事院規則 14-7 による公務員の政治的行為の禁止は、その禁止目的は正当であり、目的と禁止される政治的行為の間には合理的な関係があり、国民全体の共同利益という禁止によって得られる利益が失われる利益に比して重要であるから、禁止は許されるとした。しかし、堀越事件で最高裁は、管理職の地位にない者の政治活動を認めた（最判平 24・12・7：27 項も参照）。また、反戦自衛官懲戒免職事件（最判平 7・7・6）は、自衛隊員相互の信頼関係を保持し、厳正な規律の維持を図ることによって国民全体の共同利益が確保され、そのためには隊員の表現の自由を制限することは必要かつ合理的制限であるとした。

(k) **選挙運動の規制**　公職選挙法は、選挙運動に関し、事前運動の禁止、戸別訪問の禁止、選挙運動期間中の文書活動の制限、報道・評論の規制など多くの制限を規定しており、違反者に対して刑事罰を科している。判例はこれを選挙の公正を確保するという理由で合憲としている。たとえば、戸別訪問が問題となった事件（最判昭56・6・15）で最高裁は、「戸別訪問の禁止は、意見表明そのものの制約を目的とするのではなく、意見表明の手段方法のもたらす弊害…（すなわち戸別訪問によって買収、利益誘導が発生し、選挙人の生活の平穏が害される等々）…を防止し、もって選挙の自由と公正を確保することを目的としている」とし、戸別訪問の禁止によって失われる利益に比して禁止によって得られる利益がはるかに大きいとした。

(l) **特定秘密**　2013年に成立した特定秘密の保護に関する法律3条は、防衛、外交、特定有害活動（スパイ活動）の防止、テロリズムの防止に関する情報について、公になっていないもののうち、その漏えいが我が国の安全保障に著しい支障を与えるおそれがあるため、特に秘匿することが必要であるものについて、行政機関の長が特定秘密に指定することを定めている。しかし、これまで見てきたように、国民には知る権利、取材の自由、報道の自由、プライバシーの権利などが保障されている。それにもかかわらず、特定秘密とされた情報の漏えいや取得を禁止することは取材・報道の自由を制限し、知る権利を奪ってしまうことになる。また、上記4分野は国の政治に関する問題であり、主権者国民による民主政治の実現を阻害するおそれがある。法律の内容を精査する必要がある問題である。

18

集会・結社の自由、検閲、通信の秘密

❶ 集会・結社の自由

Ⅰ　集会の自由

　集会とは、共同の目的をもつ多数人が一時的に集合することをいう。集会の自由は目的、場所、時間などを問わないし、また集会の開催、参加に対して国が干渉、制限してはならないことを保障する。集団行動の自由（集団示威運動、つまりデモ）も"動く公共集会"として集会の中に含めることができる。集会・デモ行進は、国民が情報の受け手としてだけではなく、自己の意見を表明する有力な手段として保障されるが（成田新法事件最大判平4・7・1は、集会が自己の人格の形成、発展や意見交換などの場として必要であり、民主主義社会における重要な人権であるとしている）、他の法益との調整が必要になる。その際考慮すべき点として道路、公園、公共施設などのいわゆるパブリック・フォーラムでの表現活動への配慮が求められる。

　公共施設の利用拒否について、皇居前広場事件（最大判昭28・12・23）で最高裁は、訴えの利益が喪失したとして上告棄却としたが、実体判断の部分において、「管理権者は、当該公共福祉財産の種類に応じ、また、その規模、施設を勘案し、その公共福祉財産としての使命を十分達成せしめるよう適正にその管理権を行使すべきであり、若しその行使を誤り、国民の利用を妨げるにお

いては、違法たるを免れない」とした。

また、泉佐野市民会館事件（最判平7・3・7）では、会館使用不許可の自由を「本件会館における集会の自由を保障することの重要性よりも、本件会館で集会が開かれることによって、人の生命、身体又は財産が侵害され、公共の安全が損なわれる危険を回避し、防止することの必要性が優越する場合」に限定し、その危険は「単に危険な事態を生ずる蓋然性があるというだけでは足りず、明らかな差し迫った危険の発生が具体的に予見されることが必要である」として比較衡量を用いた。

さらに、上尾市福祉会館事件（最判平8・3・15）では、正当な理由がない限り会館の利用を拒否することはできないとしたうえで、主催者が集会を平穏に行おうとしているのに、その集会に反対する者らが実力で阻止しようとしていることを理由に公の施設の利用を拒むことができるのは、警察の警備等によっても混乱を防止することができないなどの特別な事情がある場合に限られるとした。そして会館の管理上支障が生じる事態が客観的な事実に照らして具体的に明らかに予測されたものとはいえないとして、会館使用不許可処分を違法とした。

また、公安条例による厳しい規制について最高裁は、新潟県公安条例事件（最大判昭29・11・24）で、合理的かつ明確な基準の下で予め許可を受けしめ、「公共の安全に対し明らかな差し迫った危険を及ぼすことが予見されるとき」は許可しないことができるとして、規制に対する基準を示していた。しかし、東京都公安条例事件（最大判昭35・7・20）で、集団行動等による思想の表現は、単なる言論、出版によるものとは異なって、現在する多数人の集合体自体の力、つまり一種の物理的力によって支持されている。そのような潜在的力には危険が存在し、平穏静粛な集団であ

っても、時に興奮、激昂の渦中に巻き込まれ、甚だしい場合には一瞬にして暴徒と化し、法と秩序を蹂躙する危険が存在する。したがって、公安条例をもって不測の事態に備え、法と秩序を維持するに必要かつ最小限度の措置を事前に講ずることはやむをえないとして、新潟県公安条例判決の示した基準を放棄し、公安条例を無条件に合憲とした。ただ、徳島市公安条例事件（最大判昭50・9・10）では、このような極端な論理はとらなかった。

2　結社の自由

　結社の自由は、個人対国家の定式で捉えきれない様々な利益主張をするうえで重要な役割を果たす。結社には政治的結社のみならず、経済、学問、芸術などすべての領域における結社が含まれる。結社の自由は、結社の結成・不結成、加入・不加入、結社内の活動・離脱および団体としての活動の自由について、国家の干渉、制限を受けないことを意味する。しかし、医師会、弁護士会、税理士会などは強制加入が行われており、そのような加入強制は、専門技術水準の維持などの必要から合理的理由があると解され、結社の自由の侵害とはいえないと解される。

　これに関連して、団体内部における個人の抑圧が問題となった事例として、強制加入団体である税理士会の政党への政治献金が問題となった南九州税理士会政治献金事件（最判平8・3・19）で最高裁は、税理士会は公的な性質を有する法人であるだけではなく、「強制加入の団体であり、その会員である税理士に実質的には退会の自由が保障されていない」し、また政治献金は「会員各人が市民としての個人的な政治的思想、見解、判断等に基づいて自主的に決定」すべきであることから、税理士会が多数決原理によって団体の意思として決定し、構成員にその協力を義務づける

ことはできないとした。

労働組合の統制権が問題となった三井美唄労組事件（最大判昭43・12・4）で最高裁は、労働組合は合理的範囲内で組合員に対する統制権を有するとしたうえで、「公職選挙における立候補の自由…に対する制約は、特に慎重でなければならず、組合の団結を維持するための統制権の行使に基づく制約であっても、その必要性と立候補の自由の重要性とを比較衡量して、その拒否を決すべき」であり、立候補しようとする者に対して立候補を思いとどまるよう勧告または説得をすることはできても、「立候補を取りやめることを要求し、これに従わないことを理由に当該組合員を統制違反者として処分するがごときは、組合の統制権の限界を超えるものとして、違法といわなければならない」とした。

国家による制限としては、破壊活動防止法が、「暴力主義的破壊活動を行う明らかなおそれがあると認めるに足りる十分な理由があるとき」は、当該団体の集団示威運動、集団行進、公開の集会、機関誌紙の印刷・頒布の禁止、さらには団体の解散指定を行うことができるとしている（5条、7条）。しかし、これらの処分は行政機関による結社の自由の内容、方法すべてにわたる制限であり、合憲性に疑いがある。

② 事前抑制禁止の理論と検閲

Ⅰ　検　閲

公権力が表現行為に先だって事前にこれを抑制することを禁止するという原則を事前抑制の禁止（21条1項）という。憲法21条2項はその典型として「検閲」を禁止し、それは例外のない絶対的な禁止であると解される。検閲の意味につき最高裁は税関検査訴訟（最大判昭59・12・12）で、検閲とは「行政権が主体とな

って、思想内容等の表現物を対象とし、その全部又は一部の発表
の禁止を目的として、対象とされる一定の表現物につき網羅的一
般的に、発表前にその内容を審査した上、不適当と認めるものの
発表を禁止すること」であるとして、検閲の意味を狭く解する立
場を示した。検閲の意味は、①規制主体、②規制時期、③規制対
象、④規制内容などをどのように解するかで変わってくる。

　検閲の意味を理解するためにいくつかの点を検討してみる。ま
ず、検閲の主体のとらえ方について、広く「公権力」ととらえる
説と、狭く「行政権」ととらえる説がある。後者に立てば裁判所
による事前抑制は、例外的にではあるが認められることになる。
最高裁は「北方ジャーナル」事件（最大判昭 61・6・11）で、事前
差止めは原則的に許されないが、「表現内容が真実でなく、又は
それが専ら公益を図る目的のものでないことが明白であって、か
つ、被害者が重大にして著しく回復困難な損害を被る虞があると
き」には例外的に認められるとした。

　次に、検閲の対象については、広く解して表現内容全般にわた
るととらえる説と、狭く解して思想内容にとどまるととらえる説
がある。また、検閲の時期についても、広く解して国民が情報を
受け取る時ととらえる説と、狭く解して表現の発表前ととらえる
説がある。

　前出の税関検査訴訟は、当該物件が国外で発表済みであるこ
と、発表の機会を全面的に奪うものでないこと、関税徴収手続の
一環として付随的になされるものであり、思想内容等それ自体を
網羅的に審査し規制することを目的とするものでないこと、司法
審査の機会が与えられており行政権の判断が最終的なものでない
ことを理由として検閲にはあたらないとした。このような最高裁
による狭い定義づけに対しては問題が指摘されている。

2 事前抑制禁止の原則と事前差止

事前差止について、最高裁は、北方ジャーナル事件（最大判昭61・6・11）で、「一方の当事者からの申請があってはじめてある特定の表現物について司法機関が判断を下し、それを発表することを予め差止めうるかを決めるのであって検閲そのものには当たらない」が、「これを誤って容易に容認することになれば」検閲禁止の趣旨を無にすることになる。したがって、事前差止めは原則的に許されないが、「表現内容が真実でなく、又はそれが専ら公益を図る目的のものでないことが明白であって、かつ、被害者が重大にして著しく回復困難な損害を被る虞があるときは、例外的に事前差止めが許される」とした。

学校教育法に基づく教科書検定について、最高裁は、第一次家永訴訟（最判平5・3・16）で、教科書検定は「一般図書としての発行を何ら妨げるものではなく、発表禁止目的や発表前の審査などの特質がない」から検閲にあたらず、教育の中立・公正、一定水準の確保等の要請の観点から、不適切と認められる図書の教科書としての発行・使用等を禁止するにすぎず、表現の自由の制限は、合理的で必要やむを得ない限度のものであるとした。

自販機による有害図書の販売禁止が問題となった岐阜県青少年保護育成条例事件（最判平元・9・19）で最高裁は、有害図書の自販機への収納禁止は、「青少年の健全な育成を阻害する有害環境を浄化するために規制に伴う必要やむをえない制約」であり検閲にあたらないとした。

3 通信の秘密

I 通信の秘密

憲法は、プライバシーの保護を主眼として通信の秘密を保障し

ている。「通信」とは、信書（封書、はがきなど）のみならず、電信、電話など一切のコミュニケーションの手段をさす。「秘密」とは、通信の内容に限らず、差出人・受取人の氏名・住所・差出年月日など通信に関するすべての事項を含む。郵便法7条、8条および電気通信事業法3条、4条は、郵便物・通信の検閲の禁止および信書・通信の秘密を定めている。

しかし、現行法上は犯罪捜査のための令状による信書の押収・開披（刑事訴訟法100条、222条）、収監者の信書の検閲（刑事収容施設及び被収容者等の処遇に関する法律127条）、破産者に対する郵便物の開披（破産法82条）などの制限がある。また、犯罪捜査のための通信傍受に関する法律（いわゆる盗聴法、1999年制定）は、重大犯罪に対処するために、裁判官の発する傍受令状に基づいて検察官または司法警察員による犯罪関連通信の傍受を認めるが（同法1条、3条1項）、たとえば傍受令状に記載された「傍受すべき通信」にあたるかどうかを判断するためにそれ以外の通信をも傍受できるとしている（同法14条1項）。

2　共謀罪

2017年に「組織的な犯罪の処罰及び犯罪収益の規制等に関する法律の一部を改正する法律」が制定され、共謀罪が導入された。共謀罪とは、複数の者が犯罪の実行を計画し、それに基づき資金や物品の手配など準備行為が行われた場合、それを処罰するものである。日本の刑法は、犯罪が実行された場合に処罰するのが原則である。共謀罪は犯罪行為がまだ行われていないにもかかわらず処罰することから、事前抑制の禁止に反し、また、前述の盗聴法により共謀罪に関して通信傍受する範囲が拡大することになり、通信の秘密が侵害される危険性がより大きくなる。

人身の自由

1 人身の自由

人身の自由（身体の自由）は、精神的自由と並んで民主主義にとって不可欠の権利である。明治憲法下では、罪刑法定主義（明治憲法23条）はあったが、実際には刑罰法規によって人身の自由は制限されていた。この反省にたって、憲法は多くの刑事手続を設けている。

2 奴隷的拘束・苦役の禁止、残虐刑の禁止

1 奴隷的拘束・苦役の禁止

自由な人格を否定するような身体的束縛、強制労働のようなその意に反する労役を課すことはできない。これは私人間にも適用される（例えば、労働基準法5条、非常時について災害対策基本法65条、災害救助法7条、8条、消防法29条5項など）。

具体例として、在監者に対する懲罰としての戸外運動の禁止、減食などは違憲である（大阪地判昭33・8・20）が、所得税の源泉徴収は、その意に反する苦役にあたらない（最大判昭37・2・28）とされる。

2 残虐刑の禁止

残虐な刑罰とは、不必要な精神的・肉体的苦痛を内容とする人道上残酷と認められる刑罰をいう。たとえば、死刑制度（最大判

昭23・3・12）について最高裁は、「火あぶり、はりつけ、さらし首、釜ゆでの刑」のようなものは残虐性を有するが、死刑そのものが一般的に直ちに36条にいう残虐な刑罰に該当するとは考えられないとしている。絞首刑（最大判昭30・4・6）、無期懲役（最大判昭24・12・21）なども許される。被告人から見て過重な刑であっても36条違反ではないのである（最大判昭23・6・30）。

3 適正手続の保障

Ⅰ　適正手続の保障

刑事手続において、刑罰を科すには、法の定める内容の適正な手続を経なければならない。つまり、法律によりさえすればどのような手続を定めてもよいのではなく、「適正」な法の手続によらなければならないという、「デュープロセス」を意味する。これによらなければ、生命・自由・財産を剥奪することはできない。その規定として、31条の法定手続の保障（適正手続の保障、適法手続の保障）、39条前段の刑罰不遡及の原則・事後立法の禁止が定められている。

31条の内容として、①手続の法定、②手続の適正、③実体の法定、④実体の適正、が考えられている。①は、たとえば刑事訴訟法の制定が必要とされる。②は、最高裁は第三者所有物没収事件（最大判昭37・11・28）で、「第三者の所有物を没収する場合において、その没収に関して当該所有者に対し、何ら告知、弁解、防禦の機会を与えることなく、その所有権を奪うことは、著しく不合理であって、憲法の容認しないところである」とした。③は、罪刑法定主義を意味する。罪刑法定主義とは、「法律なければ犯罪なし、法律なければ刑罰なし」という意味である。つまり、どのような行為が犯罪となり、その犯罪にどのような刑罰を

科すかを、行為前の法律で定めておかなければならないという原則である。罪刑法定主義は、「慣習刑法の排斥」、「類推解釈の禁止」をも意味する。罪刑法定主義の例外として、73条6号により、法律の厳格な委任の下に政令で罰則を設けることが認められている。④は、明確性の原則、罪刑の均衡等が要請される。とくに明確性の原則について最高裁は、「ある刑罰法規があいまい不明確のゆえに憲法31条に違反するものと認めるべきかどうかは、通常の判断能力を有する一般人の理解において、具体的場合に当該行為がその適用を受けるものかどうかの判断を可能ならしめるような基準が読みとれるかどうかによってこれを決定すべきである。」とした（最大判昭50・9・10：徳島市公安条例事件）。

2　行政手続

　適正手続の保障が、直接的には刑事手続を対象にした規定であるが、さらに行政手続にも及ぶかどうかが問題となる。最高裁は、成田新法事件（最大判平4・7・1）で、行政手続が「刑事手続ではないとの理由のみで、そのすべてが当然に31条による保障の枠外にあると判断することは相当ではない」として、行政手続にも及ぶことを承認している。

　重要な同様の判決として、川崎民商事件（最大判昭47・11・22）は、「当該手続が刑事責任追求を目的とするものでないとの理由のみで、その手続における一切の強制が当然に憲法35条による保障の枠外にあると判断することは相当ではない」とした。このような意味で、適正手続の保障は、刑罰のみならず少年法の保護処分や感染症患者の隔離（たとえば、感染症の予防及び感染症の患者に対する医療に関する法律（いわゆる感染症予防法）19条、46条などを参照）などの行政処分にも要求されることになる。

④ 被疑者・被告人の権利

I　被疑者の権利

（a）**不当に逮捕されない権利**　33条は、刑事手続において、被疑者や被告人が不法に逮捕されないように、司法官憲の判断にもとづいて発せられる、逮捕の根拠理由が明示されている令状を必要としている（令状主義）。これは行政権力への司法的統制である（35条も住居などに対する保障として令状主義を要求している）。「令状」とは、逮捕状、勾引状、勾留状とされ、令状の方式も根拠を明示、特定しなければならない。（刑事訴訟法200条参照）。「権限を有する司法官憲」とは、裁判官を意味する。

例外的に逮捕状なしで逮捕できる場合として、33条は現行犯逮捕のみをあげている。しかし、刑事訴訟法212条2項は準現行犯について規定し、さらに同法210条は緊急逮捕についても令状主義の例外を拡大している。最高裁は、「厳格な制約の下に、罪状の重い一定の犯罪のみについて、緊急やむを得ない場合に限り、逮捕後直ちに裁判官の審査を受けて逮捕状の発行を求めることを条件とし、被疑者の逮捕を認めることは憲法第33条規定の趣旨に反するものではない」（最大判昭30・12・14）とする。

（b）**不法に監禁されない権利**　逮捕に続く身体拘束の継続状態を指し、抑留は一時的な比較的短い拘束（拘置）をいい、拘禁は継続的な拘束（勾留）をいう。抑留・拘禁をするにはその理由を告げられ、かつ弁護人依頼権が与えられなければならない。また、拘禁する場合、要求があれば、本人および弁護人の出席する公開の法廷で理由が示されなければならない（勾留理由の開示）。

（c）**住居の不可侵**　35条は、捜査機関による捜索押収手続に一定の条件を与え、国民の権利を保護しようとしている。

住居・所持品などに対する侵入・捜索・押収が許されるのは次の二つである。①正当な理由にもとづいて発せられ、かつ捜索する場所、押収するものを明示する令状による場合。捜索令状・押収令状は、権限を有する司法官権が発する。② 33 条による逮捕の場合。この場合は、令状によって被疑者を逮捕する場合および現行犯を逮捕する場合を意味する。

2　被告人の権利

(a) **公平な裁判を受ける権利**　「公平」な裁判とは、偏頗や不公平のおそれのない組織と構成をもった裁判所による裁判を意味するのであって、個々の事件につきその内容実質が具体的に公正妥当でなければならないという意味ではない。したがって、刑の言い渡しが被告人にとって不利益なものであっても、本条に違反しない（最大判昭 23・5・5）。

(b) **迅速な裁判を受ける権利**　「迅速」な裁判とは、審理が著しく遅延しないことをいう。最高裁は、15 年間も審理が中断したことが問題となった高田事件（最大判昭 47・12・20）で、「審理の著しい遅延の結果、迅速な裁判を受ける被告人の権利が害されたと認められる異常な事態が生じた場合には、これに対処すべき具体的規定がなくとも、もはや当該被告人に対する手続の続行を許さず、その審理を打ち切るという非常救済手段がとられるべきことをも認めている」とした。

(c) **公開裁判を受ける権利**　「公開」の裁判とは、対審、判決の公開を意味する。

(d) **証人審問権**　当事者主義の原則により、被告人に反対尋問権、攻撃防御権を保障する。証人に対して審問する機会を充分に与えなかった場合には、その証人の証言を証拠とすることがで

きない（伝聞証拠の排除）。証人の喚問については、申請された証人の採否は裁判所の裁量である。

　(e)　**弁護人依頼権**　　34条の弁護人依頼権は、公訴提起前の被疑者に認められるものである。これに対し、37条3項は、刑事被告人の防禦権として弁護人依頼権を保障し、さらに経済上の理由などから自ら弁護人を依頼できない場合は国選弁護人を付することとした。ただし、最高裁は、憲法は弁護人依頼権をとくに被告人に告げる義務を裁判所に負わせているものではないとする（最大判昭24・11・30）。

3　自白の証拠能力

　(a)　**不利益供述強要の禁止**　　38条1項は、自白の強要を禁ずる。したがって、自己に不利益となることについて、供述を拒んでも法律上は不利益を科されることはないという、黙秘権を保障している。最高裁は、黙秘権を、「自己が刑事上の責任を問われるおそれがある事項について供述を強要されない」権利であると解している（最大判昭32・2・20）。

　問題は、黙秘権の保障される範囲についてである。①前記判例は、氏名は原則として不利益な事項に該当しないとする。②道交法およびその施行令による運転者に対する交通事故の報告義務は合憲であり、刑事責任を問われるおそれのある事故の原因などについては報告義務はないとする（最大判昭37・5・2）。③麻薬取扱者は、麻薬取締法規の一切の制限・義務に服することを受諾していると考えられるので、法に触れる麻薬の取扱いについても記帳する義務を負う（最判昭29・7・16）。

　(b)　**自白の証拠能力**　　古くから自白は「証拠の王」と考えられ、自白を強制するために拷問が行われていた。それに対し、憲

法は38条2項で、強制・拷問あるいは脅迫など被疑者・被告人の意思に不当な影響を与える圧迫の下でなされた自白、不当に長い抑留・拘禁後の自白の証拠能力を否定する規定をおいた。

さらに同条3項は、自白が任意になされた場合であっても、それに補強証拠を要するとして、自白のみを証拠とする科刑を認めない。しかし、最高裁は、公判廷における本人の自白には補強証拠を必要としないと判示している（最大判昭23・7・29）。また、共犯者（共同被告人）によってなされた自白に証拠能力を認めている（最大判昭33・5・28）。

⑤ 事後立法の禁止、一事不再理・二重の危険の禁止

I 事後立法の禁止

39条前段前半は、「何人も、実行のときに適法であった行為…については、刑事上の責任を問われない」として、実行時の適法行為の事後処罰、事後の刑罰加重、実行時に刑罰規定のない違法行為の事後処罰を禁止する。これを事後立法の禁止、刑罰の不遡及あるいは遡及処罰の禁止といい、近代法の原則である。

2 一事不再理・二重の危険の禁止

39条前段後半は、「何人も、…既に無罪とされた行為については、刑事上の責任を問われない」として一事不再理を定める。すなわち、無罪の判決があった場合にそれをくつがえして処罰することは認められない。39条後段は「同一の犯罪について、重ねて刑事上の責任を問われない」として、二重処罰の禁止を定める。すなわち、すでに下された確定判決をそのままにして、さらに新たに判断を下すことを禁止する。これらに関する事例とし

て、下級審の判決に対して検察官が上訴することが二重の危険に
あたるかが問題となった事件で、最高裁は、一つの危険とは「同
一の事件においては、訴訟手続の開始から終末に至るまでの一つ
の継続的状態」をいうのであるから、検察官の上訴も、「被告人
を二重の危険に晒すものでもなく、従ってまた憲法39条に違反
して重ねて刑事上の責任を問うたものでもない」としている（最
大判昭25・9・27）。

　もちろんこれは被告人の利益を守ることを意味するので、有罪
判決確定後に「無罪」を予想させる有力な証拠が出てきた場合に
は、再審を行うことはできる。最高裁は、白鳥決定（最大決昭
50・5・20）で、「無罪を言い渡すべき明らかな証拠」とは、確定
判決における事実認定につき合理的な疑いをいだかせ、その認定
を覆すに足りる蓋然性のある証拠をいう」のであって、「疑わし
きは被告人の利益」という刑事裁判における鉄則が適用されるも
のと解すべきであるとする。

　「疑わしきは被告人の利益」とは、いくら証拠を調べ尽くして
も犯罪の事実があったかどうかを明らかにすることができなかっ
た場合は、被告人の利益になるように扱わなければならないとい
う意味である。これに類似した原則に、「無罪推定の原則」があ
る（刑事訴訟法336条参照）。この意味は、犯人と疑われる者であ
っても、判決の結果有罪と宣告されるまでは無罪として扱わなけ
ればならないという意味である（フランス人権宣言9条「何人も、
有罪と宣告されるまでは無罪と推定される。」）。

　なお、刑法56条・57条の再犯加重の規定は、前犯に対する確
定判決を動かしたり、前犯につき重ねて処罰するものではないか
ら本条に違反しない（最判昭24・12・21）。

職業選択の自由

① 居住・移転の自由、外国移住、国籍離脱の自由

Ⅰ 居住・移転の自由

自分が望むところに居所を決定する自由をいう。その場所は国の内外を問わない。これに対する制約は、たとえば、刑の執行、感染症予防のための隔離（たとえば感染症予防法9条参照）などがある。

2 外国移住の自由

外国への移住には、永続的な移住のみならず、海外での長期の居住をも含む。また、一時的な旅行も含む（海外渡航の自由）。旅券法13条が「著しく、かつ、直接に日本国の利益又は公安を害する行為を行うおそれがあると認めるに足りる相当の理由がある者」に対してパスポートの発給を拒否できるという規定に対し、最高裁は、「規定が漠然たる基準を示す無効なものであるということはできない」（最大判昭33・9・10）とした。

外国人の入国の自由について、国際法上の一般原則では、条約による特別の定めのない限り、外国人の入国の許否はその国の裁量に属する（日本では法務大臣に属する）事柄である。最高裁は、外国人が日本に入国する自由については何ら規定がないとする（最大判昭32・6・19）。また、再入国の権利についても、森川キャ

サリーン事件（最判平4・11・16）で、在留外国人は憲法上外国へ
一時旅行する自由を保障されているものではないとした。

3　国籍離脱の自由

個人が自由な意思で日本国籍を離れる自由である。ただし、無
国籍を認める趣旨ではない（国籍法13条参照）。

2 職業選択の自由

I　職業選択の自由の内容・制約

職業選択の自由は、自己の生活を維持するためのものであるだ
けでなく、個人の人格的価値の実現とも不可分の関係にある。こ
の意味は広く職業の自由を意味する。すなわち、自分が望む職業
を決定し、その職業を遂行する自由を保障するだけではなく、営
利を目的とする自主的活動の自由（営業の自由）をも保障すると
ころにある。

しかし、22条1項は、「公共の福祉」による制約を規定してい
る。最高裁判例の傾向は、司法審査の基準として二重の基準論を
前提として目的二分論を採用してきている。ここでは、職業の自
由に対する制約をまったく許さないとするものではなく、国民の
生命健康に対する危険を防止、除去するための消極的・警察的規
制と、経済の調和的発展、社会的・経済的弱者の保護のためにな
される社会・経済政策による積極的・政策的規制に分け、前者に
対しては厳格な合理性の審査を求め、後者に対しては合理性の審
査をするというものである。

2　判　例

(イ)公衆浴場の適正配置規制　　公衆浴場の設立について、距離制

限（適正配置規制）を行わないならば、「その濫立により、浴場経営に無用の競争を生じその経営を経済的に不合理ならしめ、ひいて浴場の衛生設備の低下等好ましからざる影響を来すおそれ」があるとして、距離制限を合憲とした（最大判昭30・1・26）。その後最高裁は、積極的、社会経済政策的規制ととらえ、明白の原則を適用して合憲としたが（最判平元・1・20）、同年3月には、国民の健康、保健衛生の保全という消極目的と、公衆浴場業の保護という積極目的との両目的を認め合憲判断をした。

(ロ)小売市場の適正配置規制　　「憲法は、国の責務として積極的な社会経済政策の実施を予定しているものということができ、個人の経済活動の自由に関する限り、個人の精神的自由等に関する場合と異なって、右社会経済政策の実施の一手段として、これに一定の合理的規制措置を講ずることは、もともと、憲法が予定し、かつ、許容する」ものであるとして、小売市場の許可規制を合憲とした（最大判昭47・11・22）。

(ハ)薬局の適正配置規制　　薬局の開設における許可制については合憲であるとしながらも、許可条件についても個々にその適否を判断すべきであるとして、薬局の適正配置規制は「国民の生命及び健康に対する危険の防止という消極的、警察的目的のための規制措置」であり、不良医薬品の供給や医薬品濫用の危険の防止と距離制限との間には合理的関連性がないとして、違憲とした（最大判昭50・4・30）。

21 財産権

1 財産権の保障

　財産権の保障は個人の経済活動の自由を保障する。それは、近代市民社会において最も重視された権利である。29条1項は、財産的価値を有するすべての権利（物権、債権、無体財産権など）を保障する。さらにこの規定は、私有財産制を制度として保障していると解されている（制度的保障）。

　この権利は、かつては絶対的なものとされたが、現在ではむしろ社会性が強調され、財産権に対する制限は承認されている。29条2項は、「公共の福祉に適合するやうに、法律でこれを定める」と規定している。最高裁は、森林法違憲判決（最大判昭62・4・22）で、森林法の分割請求禁止の規定は、森林の細分化防止という立法目的をもち、それは公共の福祉に合致しないことが明らかであるとはいえないが、分割請求権という財産権の制限は、この立法目的との関連で合理性と必要性のいずれをも肯定できないことが明らかであり、違憲であるとした。この判決で注目すべき点は、第一に、目的二分論を用いていないこと、第二に、「近代市民社会における原則的所有形態である単独所有」が制度的保障にいう制度であると理解していること、である。

　また、条例による財産権の制限が問題になるが、奈良県ため池条例事件（最大判昭38・6・26）で、ため池の破損・決壊の原因となるため池の堤とうの使用行為は、憲法、民法の保障する適法な

財産権の行使の埒外にある。このような規制は、ため池の堤とうを使用しうる財産権を有する者が当然受認しなければならない責務であり、財産権の行使を全面的に禁止されても、29条に違反しないとした。

　法律でいったん定められた財産権の内容を事後の法律で変更できるかについては、公共の福祉に適合する場合には、事後の法律で変更しても憲法に違反しないとする（最大判昭53・7・12）。

2 正当な補償

　正当な補償とは、公的機関が公共の福祉のため特別の犠牲（損失）を被った者に対する償いを意味する。前記奈良県ため池条例事件は、条例による規制は、ため池の堤とうを使用しうる財産権を有する者が当然受認しなければならない責務であり、29条3項の損失補償の必要はないとした。

　問題は、なにをもって正当な補償とするかである。被侵害財産の客観的価値の全額を補償しなければならないとする完全補償説、そのときの社会通念に照らし、公正妥当な補償であれば完全な補償を下回ってもよいとする相当補償説が対立する。最高裁は、農地改革事件（最大判昭28・12・23）で、正当な補償とは、「その当時の経済状態において成立することを考えられる価格に基き、合理的に算出された相当の額をいうのであって、必しも常にかかる価格と完全に一致することを要するものでない」として、相当補償にたつ判決を下している。しかし、土地収用法にもとづく土地の収用が問題となった事件（最判昭48・10・18）では、補償は、「完全な補償、すなわち、収用の前後を通じて被収用者の財産価値を等しくならしめるような補償」でなければならないと判示した。このような最高裁の立場は、同じく土地収用法が問

142

題となった平成 14 年判決（最判平 14・6・11）で、整理された。すなわち、農地改革事件判決を先例引用したうえで、「被収用者は、収用の前後を通じて被収用者の有する財産価値を等しくさせるような補償を受けられるものというべきである」としたのである。最高裁の理解で重要なのは、そのケースにおいてどの程度の補償をすれば合理的といえるか、という点にある。

　個々の法令に損失補償の規定がない場合、3 項にもとづいて補償を請求することができるかどうかについて争いがある。最高裁は、河川付近地制限令による制限は、特別の犠牲を課したものであって、現実の損害について補償請求しうるとして、同令に損失補償に関する規定がないからといって、あらゆる場合に一切の損失補償をまったく否定する趣旨ではなく、その損失を具体的に主張立証して、別途、29 条 3 項を根拠にして、補償請求をする余地が全くないわけではないとした（最大判昭 43・11・27）。

　収用が正当な補償のもとに行われた場合、その後収用目的が消滅したら返還しなければならないかについては、法律上当然にこれを被収用者に返還しなければならないものではないとする（最大判昭 46・1・20）。

　補償は侵害される財産本体に対して行われるが、立ち退き、移転など、侵害への対処により生じる損失などの費用に関する生活権補償の問題について、検討しなければならない。たとえば、ダム建設による立ち退きに伴う費用の補償が問題となる。

生存権

1 社会権の特徴

社会権は 20 世紀になってはじめて登場した権利であり、その特徴は次の点にみられる。①社会国家・福祉国家に基づいて、具体的な勤労者、貧困者、あるいは病弱者、老人などの生存の権利を保障する。②自由権が国家の不干渉を要求するのに対して、社会権は国家の積極的介入・具体的措置を要求する。③具体的な立法がなければ、直接裁判所による救済が認められない。

2 生存権

Ⅰ 生存権の法的性格

生存権の権利性が問題になる。学説は次のように整理される。

(a) **プログラム規定説**　25 条は国家に対する政治的道義的義務を規定したにすぎず、国民に具体的権利を賦与したものではない。したがって、生存権の保障は立法権の裁量に委ねられているとする。この説の根拠は、①日本の経済体制が資本主義であること、②生存権を具体化する社会立法に対する予算配分は国の財政政策の問題であること、③生存権を具体化する規定が憲法上ないこと、などがあげられる。

(b) **抽象的権利説**　国民は健康で文化的な最低限度の生活を営むために必要な立法や諸措置を要求できる抽象的な権利をもっており、国家に対しては法的義務を課しているとする。しかし、

権利を具体化するための法律の制定は必要であるとする。したがって、立法の不作為があってもその違憲性を裁判上請求できないことになる。

（c）**具体的権利説**　　生存権は立法権に対して法律の制定を要求できる具体的権利である。したがって、国民は、立法の不作為による生存権の侵害に対して不作為違憲確認訴訟を提起できる。

解釈はこのように分かれているが、現実に生存権を具体化する立法は、制定されてきている。たとえば、生活保護法、厚生年金保険法、国民健康保険法、健康保険法、国民年金法、児童福祉法、母体保護法、身体障害者福祉法、社会福祉法、老人福祉法、介護保険法、母子及び父子並びに寡婦福祉法、感染症の予防及び感染症の患者に対する医療に関する法律（感染症予防法）、予防接種法などである。

2　判　例

(イ)朝日訴訟　　生活保護法による生活扶助・医療扶助の保護基準が問題とされた朝日訴訟（最大判昭42・5・24）は、プログラム規定の考え方にたつといえる。すなわち、生活保護を受けるのは国の恩恵ないし反射的利益ではなく、法的権利であって、一身専属の権利であるから、原告の死亡によって本件訴訟は終了したとしながらも、25条1項は「すべての国民が健康で文化的な最低限度の生活を営み得るように国政を運営すべきことを国の責務として宣言したにとどまり、直接個々の国民に対して具体的権利を賦与したものではない。具体的権利としては、…生活保護法によって、はじめて与えられている」とした。そして、なにが健康で文化的な最低限度の生活であるかの認定判断は、「厚生大臣の合目的的な裁量に任されており、その判断

は、当不当の問題として政府の政治責任が問われることはあっても、直ちに違法の問題を生ずることはない」とした。

㊁堀木訴訟　児童扶養手当と障害福祉年金の併給を禁止する児童扶養手当法が問題となった堀木訴訟（最大判昭57・7・7）も、同様である。25条1項は具体的権利ではなく、「健康で文化的な最低限度の生活」は抽象的・相対的概念であるから、その具体的内容は文化の発達の程度、経済的・社会的条件、一般的な国民生活の状況等との相関関係において、国の財政事情も考慮しながら政策的に判断されるとする。ただ、ここでも広範な立法裁量が認められていることから、違憲審査基準として、「著しく合理性を欠き明らかに裁量の逸脱・濫用と見ざるを得ないような場合」には違憲となるとする、「明白の原則」を採用した。

③ 環境権

　人間はどのような状況のなかで生きていくのが最も良いのであろうか。自然環境の破壊は、人間の生命、健康を奪ってしまう危険をおおいにはらんでいるのである。このような状況の下で、新しい権利として、人間をとりまく良好な環境を享受する権利として環境権が提唱されたのである。

　しかし、憲法上、環境権に関する規定は存在しない。そこで根拠をどこに求めるかが問題になる。良好な環境を享受する権利を実現するためには、国による積極的な環境保全措置が必要となるという意味では生存権的側面をもち、25条で根拠づけられる。他面、良好な環境の享受を妨げられないように環境破壊行為に対して不作為請求、妨害排除請求をすることができるという意味では自由権的側面をもち、13条で根拠づけられる。環境権は、こ

のように二重に根拠づけることができる。

　とはいえ、環境権の内容は十分に明らかにされたわけではなく、権利主体、原告適格、保護客体など解決すべき問題が多く残されている。その意味で環境権は、抽象的な権利にとどまっている。

　最高裁判例においては、いまだに環境権が認められていない。それに対し、次のような下級裁判所の判例がある。「人の生活を取り巻く環境、特に大気、水、日照、静穏、景観などの自然的素材のほか、社会的諸施設や文化的遺産などの社会的、文化的環境素材は、人間生活に不可欠の要素であって、すべての国民は、良い環境を享受し且つこれを支配する権利を有するが、環境権は、すべての人が共通の財産として享受しうるという意味で、かかわりのある地域住民が平等に享有するものであり、それは絶対的である」（那覇地判昭 54・3・29）。また、大阪空港公害訴訟で大阪高裁は、環境権は、被害が各個人に現実化する以前において環境破壊を排除し、もって人格権の外延を守るものとしたうえで、「個人の生命、身体、精神および生活に関する利益は、各人の人格に本質的なものであって、その総体を人格権ということができ、このような人格権は何人もみだりにこれを侵害することは許されず、その侵害に対してはこれを排除する権能が認められなければならない」とした（大阪高判昭 50・11・27）。

教育を受ける権利

❶ 理 念

　明治憲法においては、教育に関する規定は存在しなかった。これに反し、戦後は教育を受ける権利を保障し、また昭和22年に教育に関して準憲法的性格を有するといわれる教育基本法が制定され、平成18年に改正された。教育基本法は、前文で、「民主的で文化的な国家を更に発展させるとともに、世界の平和と人類の福祉の向上に貢献すること」を掲げ、1条で「平和で民主的な国家及び社会の形成者」の育成を教育の目的として掲げている。

❷ 教育を受ける権利の内容

Ⅰ　主　体

　主権者である国民は、その能力に応じて等しく教育を受ける権利をもち、教育基本法4条はさらに、「人種、信条、性別、社会的身分、経済的地位又は門地によって、教育上差別されない」として、教育の機会均等をはかっている。

2　学習権

　教育を受ける権利について、すべての国民の学習権が実現されるように国家に積極的条件整備を要求しうる生存権として教育を受ける権利を保障するという見解がある。最高裁は旭川学テ事件判決（最大判昭51・5・21）で、「この規定の背後には、国民各自

が、一個の人間として、また、一市民として、成長、発達し、自己の人格を完成、実現するために必要な学習をする固有の権利を有すること、特に、みずから学習することのできない子供は、その学習要求を充足するための教育を自己に施すことを大人一般に対して要求する権利を有するとの観念が存在している」として、学習権を承認している。

3　教育権の主体

最高裁は旭川学テ事件判決において、国の権限は単に教育の外的諸条件の整備確立にとどまらず教育内容にもおよび、それは不当な支配にあたらないとする国家教育権説と、国民に教育する責務があるとし、国は教育の外的諸条件の整備確立にとどまるとする国民教育権説のいずれも極端であるとして、折衷説を展開する。すなわち、普通教育における一定範囲の教育の自由が教師に認められる反面、国にも必要かつ相当と認められる範囲で教育内容を決定する権能を認めている。

国が教育に関わるうえで重要なのが、学習指導要領（文部科学省告示）である。最高裁は伝習館高校事件で学習指導要領を、「法規としての性質を有する」と判断した（最判平2・1・18）。

③ 義務教育の無償制

無償の範囲をどこまで認めるのかについて、最高裁は、「国が義務教育を提供するにつき対価すなわち授業料を徴収しないことを意味」（最大判昭39・2・26）するとした。教育基本法5条4項、学校教育法6条は、無償の意味を授業料の不徴収であると定める。また、義務教育諸学校の教科用図書の無償措置に関する法律により、教科書は無償とされている。

労働基本権

① 勤労の権利

　勤労の権利の法的性格は、「労働の意思と能力を有しながら、失業または未就業の状態にある労働者が、国に対してまず労働の機会を提供し、それが提供されないときはそれに代わる生活保障を要求しうる権利である」と解される。判例は、「国家は勤労を欲する者には、職を与えるべく、それができないときは、失業保険その他適当な失業対策を講ずる義務があるとするものであって、国家は国民一般に対して概括的にそのような責務を負担し、これを国政上の任務としたのであるけれども、個々の国民に対して具体的現実的にかような義務を有するものではなく、右規定により直接に個々の国民は国家に対してそのような権利を有するものではない」（大阪高判昭38・1・23）とした。この権利を実現するために、たとえば、職業安定法、雇用対策法、雇用保険法などが制定されている。

　27条2項は、「賃金、就業時間、休息その他の勤務条件に関する基準は、法律でこれを定める」として、労働条件の法定を規定する。これをうけてたとえば労働基準法は、「労働者が人たるに値する生活を営む」ために最低の労働条件の基準を示し、労働者の権利を保護するために「労働条件を低下させてはならないことはもとより、その向上を図る」ことを要求する。そのほかにも、最低賃金法、労働安全衛生法、雇用の分野における男女の均等な

機会及び待遇の確保等に関する法律（男女雇用機会均等法）など
が制定されている。

　27条3項は、「児童はこれを酷使してはならないと」と規定す
る。この趣旨は、児童の生存を保障するものである。そのため
に、労働基準法における年少者の保護規定（56条）、あるいは児
童福祉法などが制定されている。

② 労働基本権

Ⅰ　法的性格

　名目だけになってしまった私的自治を回復し、労働者の自由・
平等を確保するために、28条は団結権、団体交渉権、その他の
団体行動をする権利（争議権）という労働基本権（労働三権）を
保障する。これらの権利は主として社会権としてとらえられ、労
働者が国家に対して積極的な措置を施すことを要求する権利であ
ると解される。他方、労働基本権は、主に使用者に対しても自由
や平等の実現のために積極的な措置を要求できることからすれ
ば、私人間にも適用される権利である。

　労働基本権を保障する意義は次の点にある。①正当な労働基本
権の行使である限り刑事免責を受ける（労組法1条2項）、②正当
な争議行為に対して、損害賠償を要求されることはないという民
事免責を受ける（労組法8条）。

2　労働基本権の内容

　(a) 主　体　　「勤労者」とは「労働者」のことである。労働
組合法3条にいう、「職業の種類を問わず、賃金、給料その他こ
れに準ずる収入によって生活する者」である（労働基準法9条も
参照）。したがって、民間企業に従事する者はもちろん、公務員

も勤労者であるし、また失業者も含めることができる。

(b) 内　容　団結権とは、労働者が使用者と対等の立場にたって、労働条件の維持改善を図るための団体結成の権利である（労組法2条参照）。労働組合が特定政党の支持を決定した場合の労働組合の統制権に関し、最高裁は三井美唄労組事件（最大判昭43・12・4）で、組合の政治活動は必要であるとしながら、組合員が公職選挙に立候補する自由は憲法15条1項が保障する人権であるから、組合は立候補を思いとどまるよう説得することはできても、統制違反を処分することまではできないとした。

団体交渉権とは、労働組合の代表が使用者と労働条件等について交渉する権利である。使用者は「正当な理由なくて拒むこと」はできず、交渉を拒んだ場合は不当労働行為として処罰される（労組法7条2号）。

争議権とは、ストライキ、サボタージュなどを意味する（労働関係調整法7条参照）。しかし政治ストについては、労働者の経済的地位の向上を直接目的とするスト（経済スト）ではない、として認められていない。たとえば官公労働者に対して、「使用者たる国に対する経済的地位の維持・改善に直接関係があるとはいえない、…政治的目的のために争議行為を行うがごときは、争議行為の正当な範囲を逸脱するもの」として違法であるとされる（最大判昭44・4・2：全司法仙台事件）。また、生産管理についても違法であるとされる（最大判昭25・11・25：山田鋼業事件）。

(c) 公務員の労働基本権　公務員は職種によって労働基本権に対する制限の内容が異なるが、すべての公務員に対して争議権が全面的に禁止されている。これについて最高裁は判例変更をしてきているので、その流れを注意しなければならない。

(イ)憲法施行後の判決は、「公共の福祉」、「全体の奉仕者」を根拠

に争議権の一律禁止を合憲とした。

㈢全逓東京中郵事件判決（最大判昭41・10・26）になって、労働
　基本権の制約に慎重になった。その制限は国民全体の利益の見
　地から内在的制約があるのみであるとした。そしてその制限の
　合憲性判断基準として、（ⅰ）労働基本権の尊重と国民生活全
　体の利益の維持とを比較衡量して、制限は合理性の認められる
　必要最小限度であること、（ⅱ）職務の性質が公共性の強いも
　のであり、その停廃が国民生活に重大な影響を及ぼすおそれの
　あること、（ⅲ）違反者に対して課せられる不利益は必要な限
　度をこえないこと、とくに刑事制裁は必要やむを得ない場合に
　限られること、（ⅳ）制裁に見合う代償措置を講ずること、の
　4点を示した。全逓東京中郵事件判決の論理はその後、都教組
　事件判決（最大判昭44・4・2）、全司法仙台事件（最大判昭44・
　4・2）に受け継がれ、争議行為が一律に全面的に禁止されてい
　ても、処罰の対象となる行為は、違法性の強い争議行為であ
　り、さらに違法性の強いあおり行為に限定する二重のしぼり論
　を展開した。これらの判決は、「法律の規定は、可能な限り、
　憲法の精神にそくし、これと調和しうるよう、合理的に解釈さ
　れるべきもの」であるとする、合憲限定解釈の手法を用いる。

㈣全農林警職法事件判決（最大判昭48・4・25）以降現在に至るま
　で、再び争議行為の一律禁止を合憲とする。28条の労働基本
　権の保障が公務員にも及ぶことを基本的に承認しながらも、
　（ⅰ）公務員の地位の特殊性と職務の公共性から、争議行為は
　国民全体の共同利益に重大な影響を及ぼすおそれがあること、
　（ⅱ）勤務条件は法律・予算で決められるので、争議行為は議
　会制民主主義に反すること、（ⅲ）ロックアウトのような争議
　行為の歯止めがないこと、（ⅳ）人事院をはじめとする制度上

整備された代償措置があること、という理由を示して一律禁止を合憲とした。その後最高裁は、岩手教組学テ事件判決（最大判昭51・5・21）で都教組事件判決を、全逓名古屋中郵事件判決（最大判昭52・5・4）で全逓東京中郵事件判決を変更した。

　争議行為禁止の理由である代償措置論について、代償措置が講じられない場合には争議行為の可能性が示唆されていた（全農林警職法事件最高裁判決の岸・天野裁判官の追加補足意見「代償措置こそは、争議行為を禁止されている公務員の利益を国家的に保障しようとする現実的な制度であり、公務員の争議行為の禁止が違憲とされないための強力な支柱なのであるから、それが十分にその保障機能を発揮しうるものでなければならず、…もし仮に代償措置が迅速公平にその本来の機能をはたさず実際上画餅にひとしいとみられる事態が生じた場合には、公務員がこの制度の正常な運用を要求し相当と認められる範囲を逸脱しない手段態様で争議行為にでたとしても、それは、憲法上保障された争議行為であるというべきである…。」）。しかし最高裁は全農林人勧スト事件でそれを否定した（最高裁平12・3・17）。

25

幸福追求権、プライバシーの権利、自己決定権

❶ 個人の尊重

　13条前段は、「すべて国民は、個人として尊重される」として、個人の尊重を規定する。個人の尊重は、たとえば、24条2項で家族生活にかかわる規律においては「個人の尊厳」という言葉で表されている。したがって、個人の尊重は個人の尊厳と同義である。その意味は、すべての個人に人格としての価値を認めることであり、自由主義、民主主義の理念とともに、個人主義の理念を示しているものといえる。なお、「個人」の尊重と「人」の尊重は異なることに留意すべきである。

❷ 幸福追求権

　幸福追求権とは、13条後段の「生命、自由及び幸福に対する国民の権利」をいう。

　幸福追求権の権利性は、かつては認められていなかった。14条以下の個別的権利の総称であるとか、人権の尊重を国政において尊重すべしとする宣言であると考えられてきたのである。しかし、13条前段の個人の尊重原理と結びついて、人格的生存に不可欠な権利、自由を含む包括的な主観的権利であり、立法、行政、司法を拘束するものであると解することが妥当であろう。

　実際、デモ参加者に対する警察の写真撮影の適法性が争われた

京都府学連事件（最大判昭44・12・24）で、最高裁は、「国民の私生活上の自由が、警察権等の国家権力の行使に対しても保護されるべきことを規定しているものということができる。そして個人の私生活上の自由の一つとして、何人も、その承諾なしにみだりにその容ぼう・姿態を撮影されない自由を有する」と判示して、いわゆる肖像権の具体的権利性を認めた。

このように幸福追求権は、憲法に規定のない「新しい人権」の根拠となる。この場合、通説は個別の人権規定に根拠を求めることができない場合に幸福追求権を「補充的」に適用するとする補充的保障説にたつ。これまで「新しい人権」として主張されてきたものに、プライバシーの権利、環境権、日照権、嫌煙権、名誉権、自己決定権など多様である。

③ プライバシーの権利

I　意　義

憲法上、プライバシーの権利を定める明文規定はないが、幸福追求権を根拠として判例・通説によって承認されてきている。プライバシーの権利は、アメリカの判例において、「ひとりで居させてもらいたい権利」（the right to be let alone）として発展してきた。この意味では、プライバシーの権利は私生活・私的領域の保護を目的とする消極的権利である。さらに、現代の情報社会を背景に、「自己に関する情報をコントロールする権利」ととらえ、公権力に対して権利保護を要求できる積極的権利へと展開をみせている。

2　ひとりで居させてもらいたい権利

判例上、はじめてプライバシーの権利を認めたのが、「宴のあ

と」事件（東京地判昭39・9・28）である。判決は、「私事をみだりに公開されないという保障」を法的救済が与えられるまでに高められた人格的な利益であるとして、「プライバシーの侵害に対し法的救済が与えられるためには、公開された内容が（イ）私生活の事実または私生活の事実らしく受けとられるおそれのあることがらであること、（ロ）一般人の感受性を基準にして当該私人の立場に立った場合公開を欲しないであろうと認められることがらであること、換言すれば、一般人の感覚を基準として公開されることによって心理的な負担、不安を覚えるであろうと認められることがらであること、（ハ）一般の人々に未だ知られていないことがらであること」を要するとし、本件「宴のあと」は、原告のプライバシーを侵害したものと認めるのが相当であるとした。なお、表現の自由との関係では、プライバシーの権利と表現の自由とのどちらが優位に立つとはいえないとする（「エロス＋虐殺」事件高裁決定（東京高決昭45・4・13）も同様の立場にたつ）。

3　自己情報コントロール権

自己に関する情報に対して、アクセスすること、訂正させたり、廃棄（抹消）させること、本来の目的以外の目的に使用することを認めないこと等の考え方をいう。

早稲田大学事件で最高裁は、「個人情報を開示することについて学生らの同意を得る手続を執ることなく、学生らに無断で本件個人情報を警察に開示した大学の行為は、学生らが任意に提供したプライバシーに係る情報の適切な管理について合理的な期待を裏切るものであり、学生らのプライバシーを侵害するものとして不法行為を構成するというべきである」（最判平15・9・12）とした。

「住民基本台帳ネットワーク」（略称「住基ネット」）の稼働によって市区町村の住民票に記されている4情報（氏名・住所・性別・生年月日）を全国的に管理することの問題、マイナンバー（社会保障・税番号制度）など、多くの問題が議論されている。

④ 自己決定権

　自己決定権とは、個人が私事について国家から干渉を受けずに自ら決定できる権利をいう。この意味では、伝統的に認められてきた自由権は、本来的に自己決定権であるといえる。いま自己決定権が問題となるのは、自己の存在に対する国家・社会による管理が意識されたからである。これには、尊厳死・安楽死・輸血拒否・治療拒否といった生死にかかわる問題、ヘルメット・シートベルトの着用強制の問題、服装・髪型・結婚・妊娠・中絶・離婚などのライフ・スタイルに関する問題などがある。

　自己決定権を真正面から認めた最高裁判決は存在しない。ただ、エホバの証人輸血拒否事件で最高裁は、「患者が、輸血を受けることは自己の宗教上の信念に反するとして、輸血を伴う医療行為を拒否するとの明確な意思を有している場合、このような意思決定をする権利は、人格権の一内容として尊重されなければならない」（最高裁平12・2・29）とした。丸刈り訴訟で裁判所は、「丸刈りが、現代においてもっとも中学生にふさわしい髪型であるという社会的合意があるとはいえず、…髪型を規制することによって直ちに生徒の非行が防止されると断定することもできない」（熊本地判昭60・11・13）とした（なお、別の事件で最高裁は、丸刈り校則について、「生徒の守るべき一般的な心得で、個々の生徒の具体的な権利義務を定めるなど法的効果を生じない」としている（最判平8・2・22））。

26 人権の享有主体

1 人権の主体

　第3章は「国民の権利及び義務」として、人権の名宛人を日本国民であるとしている。しかし、人権はすべての人に対して認められる場合にはじめて、人権たりうるのである。そこで確認しておかなければならないのは、誰が人権享有主体となるかということである。

2 国　民

　憲法は、「日本国民は、すべての基本的人権の享有を妨げられない」（11条）としているので、日本国民は人権の享有主体である。そして10条は、「日本国民たる要件は、法律でこれを定める」とする。これをうけて国籍法が制定され、同法に基づいて国籍を有するものが日本国民とされる。国籍法によれば、国籍の取得には、出生、認知、帰化がある。出生による国籍取得について、日本では原則として血統主義を採り、例外として出生地主義が採用されている。血統主義については、1984年（昭和59年）改正前の国籍法は、「出生の時に父が日本国民」でなければならないとする父系優先血統主義であった。しかし平等原則の観点から批判があり、「出生の時に父又は母が日本国民であるとき」（国籍法2条1号）として父母両系血統主義に改められた。また、2008年（平成20年）の改正で、準正から父の認知のみでも国籍

を取得することができるようになった（国籍法3条）。この改正の背景には、非嫡出子国籍取得請求事件で最高裁（最大判平20・6・4）が、「準正を出生後における届出による日本国籍取得の要件としておくことについて、…立法目的との間に合理的関連性を見いだすことがもはや難しくなって」おり、「憲法14条1項に違反するといわざるを得ない」と判断したことが理由となっている。

③ 外国人

　日本国籍を有しない者が外国人である。判例・通説は、どのような人権を享有するかは、人権の性質によって判断されるとする権利性質説にたつ。たとえば、最高裁は、マクリーン事件（最大判昭53・10・4）で、「憲法第三章の諸規定による基本的人権の保障は、権利の性質上、日本国民のみをその対象としていると解されるものを除き、わが国に在留する外国人に対しても等しく及ぶ」としている。それに対し、外国人に対し、憲法の保障する人権の享有主体性を否定する見解や、享有主体性は認めながらも、憲法の各条文の文言に着目し、「国民は」とあれば日本国民に、「何人も」とあれば外国人にも人権が保障されるとする文言説がある。しかし、これらの見解は、人権の前国家的・前憲法的性質や、憲法の国際協調主義、あるいはすべての条文に「国民は」とか「何人も」という文言があるわけではないことなどを考慮すれば、適切な見解とはいえない。具体的にどのような権利が問題となってきたかをみてみる。

　（a）政治活動の自由　　政治活動を理由に在留期間の更新を拒否されたマクリーン事件判決は、「わが国の政治的意思決定またはその実施に影響を及ぼす活動等外国人の地位にかんがみこれを

認めることが相当でないと解されるものを除き、その保障が及ぶ」とした。しかし、外国人の人権保障は外国人の在留制度の枠内で与えられているにすぎないとしている。

　(b)　**入国・出国・再入国の自由**　　入国の自由について判例、通説は、「国際慣習法上、外国人の入国の許否は当該国家の自由裁量により決定し得るものであって、特別の条約が存しない限り、国家は外国人の入国を許可する義務を負わない」(最大判昭32・6・19) としている。

　出国の自由については、判例、通説は、22条2項の外国に移住する自由に含まれると解する (最大判昭32・12・25)。

　再入国の自由については、特に定住外国人に関しては、森川キャサリーン事件最高裁判決 (最判平4・11・16) は、在留外国人が外国へ一時旅行する自由を憲法上保障されているものではないとした。

　(c)　**指紋押捺**　　外国人指紋押捺拒否事件で最高裁 (最高裁平7・12・15) は、在留外国人の公正な管理という正当な目的に基づくものであり、制度は憲法13条に違反しないとしていた。その後外国人登録制度が廃止され、2012年から顔写真が貼付された在留カードが交付されることになった。

　(d)　**選挙権**　　民主国家では国民は政治の担い手であるとする国民主権原理を採り、国民が政治に参加できるようにしている。この建前からすると、選挙権は外国人には認められないことになる。しかし、地方自治体レベルの選挙権に関して、とくに定住外国人には、選挙権を認めるべきであるとする議論が展開されている。この点につき最高裁は、憲法93条2項の「住民」には外国人は含まれないとしながらも、永住者等で居住する地方公共団体と密接な関係をもつ者については、地方公共団体の長、地方議会

の議員等の選挙権を付与する立法措置を講ずることは憲法上禁止されていないとした（最判平7・2・28）。

(e) **社会権**　　現在、外国人に対して、国民年金や国民健康保険への加入などが保障されている。障害福祉年金の支給が問題となった塩見訴訟（最判平元・3・2）で、最高裁は、特別の条約の存しない限り外国との外交関係、国際情勢、国内の政治・経済・社会的諸事情に照らした政治的判断により決定でき、また財源が限られているという点から、外国人に障害福祉年金を支給するかどうかは立法府の裁量の範囲であると判示した。

(f) **公務就任権**　　公務就任権に関しては、「公権力の行使または国家意思の形成への参画にたずさわる公務員」は日本国民に限定されるとする「当然の法理」により外国人の公務就任権は否定されてきた。しかしながら、1996年に神奈川県川崎市が国籍条項を撤廃したことを皮切りに、地方自治体レベルにおける撤廃が進んでいる。しかし、東京都管理職選考事件で最高裁（最大判平17・1・26）は、「公権力行使等地方公務員の職務の遂行は、住民の権利義務や法的地位の内容を定め、あるいはこれらに事実上大きな影響を及ぼすなど、住民の生活に直接間接に重大なかかわりを有するものである。それゆえ、国民主権の原理に基づき、国及び普通地方公共団体による統治の在り方については日本国の統治者としての国民が最終的な責任を負うべきものであること（憲法1条、15条1項参照）に照らし、原則として日本の国籍を有する者が公権力行使等地方公務員に就任することが想定されているとみるべきであり、我が国以外の国家に帰属し、その国家との間でその国民としての権利義務を有する外国人が公権力行使等地方公務員に就任することは、本来我が国の法体系の想定するところではないものというべきである」とした。

4 法　人

　人権が自然人に対して保障されるのであれば、法人は享有主体にはなりえない。しかし、現代社会においては、法人等の活動の重要性が増大し、人権を認めることが妥当と解されるようになってきた。判例、通説は、享有主体性を肯定する。最高裁は、企業の政治献金が参政権を侵害しないかが問われた八幡製鉄政治献金事件（最大判昭45・6・24）で、「憲法第三章に定める国民の権利及び義務の各条項は、性質上可能な限り、内国の法人にも適用されるものと解すべきである」とした。

　したがって、性質上可能な限り法人にも人権は保障されるが、自然人にのみ認められる人権、たとえば選挙権、生存権などは保障されない。それ以外では、法の下の平等、信教の自由、表現の自由、経済的自由などは保障される。しかし、保障の程度は必ずしも自然人と同じではない。なぜならば、人権は本来的には個人に対して認められてきたからである。この点で、八幡製鉄政治献金事件最高裁判決が、「会社は、自然人たる国民同様、国や政党の特定の政策を支持、推進しまたは反対するなどの政治的行為をなす自由を有する」として、企業の政治献金に対して何らの制約も認めなかったのは、参政権の侵害といえる。

　南九州税理士会政治献金事件で最高裁（最大判平8・3・19）は、税理士会は強制加入の団体であることから、「公的な性格を有する税理士会が、このような事柄を多数決原理によって団体の意思として決定し、構成員にその協力を義務付けることはできないというべきであり、税理士会がそのような活動をすることは、法の全く予定していないところである」とした。

5 天皇・皇族

　天皇・皇族は日本国籍を有する日本国民であることに異論はない。ただし、現行法上はさまざまな特例がある。たとえば、天皇は憲法4条1項により国政に関する権能をいっさい有せず、また皇族についても戸籍の適用がないことなどから、選挙権・被選挙権などの参政権は認められない。また、内廷費、皇族費などには所得税の免除がある。さらに、天皇や皇族男子の婚姻は皇室会議の議を経なければならない（皇室典範10条）。

6 子ども

　1995年5月22日に発効した児童の権利に関する条約（いわゆる、子どもの権利条約）は、子どもが「平和、尊厳、寛容、自由、平等および連帯の精神に従って育てられるべき」ことを謳い、さまざまな権利を保障している。しかし実際には、子どもに対してはその未熟性と保護の必要性から、権利保障については必ずしも十分議論されてこなかった（憲法上は、15条3項の選挙権が否認されている）。たとえば、丸刈り訴訟（熊本地判昭60・11・13）は、生徒の服装に対する規制は校長の専門的、技術的判断に委ねられるとして、丸刈りは必ずしも特異な髪型ではなく、したがって丸刈り校則は著しく不合理であるとはいえないとした。

私人間効力、特別な法律関係

1 私人間効力

I　意　義

　人権保障は、国民と国家の関係において、国家権力による恣意的な権利侵害を排除する権利である。ところが、20世紀に入り、たとえば、企業、労働組合などといった巨大な集団（社会的権力）による人権侵害が生じてきた。そこでこれらの「私人」による人権侵害に対しても、いままでは国家に向けられてきた人権保障が私的領域においても適用されるかが問題となる（第三者効力論ともいう）。

2　学　説

　直接適用説と間接適用説に分けられる。直接適用説によれば、憲法は客観的秩序を定めており、したがって人権保障は私人間にも直接適用されることになる。これに対して間接適用説によれば、人権規定は直接私人間に適用することはできないが、民法90条のような私法の一般条項を解釈、適用することによって、私人間の人権侵害に対する救済を図ろうとする。この間接適用説が通説・判例である。

　人権規定の沿革に照らせば、人権の対国家的な性質あるいは私的自治の原則を否定することはできない点に直接適用説の問題点があるし、また法律行為によらない事実行為による人権侵害に対

しては間接適用説では憲法上の救済を与えることができないという問題点がある。そこで、アメリカの判例理論である state action の理論を参考にしようとする考え方が示されている。これは、公権力が私人の行為にきわめて深く関わりあいになった場合（固有財産の理論、国家援助の理論、特権付与の理論、司法的救済の理論）や、私人が国の行為に準ずるような公的機能を果たしている場合（統治機能の理論）に、私的行為を国家権力による行為とみなし、これに憲法の効力を及ぼそうとする理論（国家同視説）である。ドイツにおいては、国家の保護義務論が展開されている。

3　判　例

　労働者の思想の自由と会社の雇用の自由が衝突した三菱樹脂事件（最大判昭48・12・12）で、最高裁は、19条、14条は「国または公共団体と個人との関係を規律するものであり、私人相互の関係を直接規律することを予定するものではない」としたうえで、「私的自治に対する一般的制限規定である民法1条、90条や不法行為に関する諸規定等の適切な運用によって、一面で私的自治の原則を尊重しながら、他面で社会的許容性の限度を超える侵害に対し基本的な自由や平等の利益を保護し、その間の適切な調整を図る方途も存する」と判示した。判決は、間接適用説にたつものではあるが、無効力説に限りなく近い消極的な間接適用といえる。

　それに対し、日産自動車女性若年定年制事件（最判昭56・3・24）は、同じく間接適用にたちながらも、「就業規則中女子の定年年齢を男子より低く定めた部分は、専ら女子であることのみを理由として差別したことに帰着するものであり、性別のみによる

不合理な差別を定めたものとして民法 90 条の規定により無効である」として、積極的に展開している判例もみられる。

　また、国が私法上の契約当事者として法律関係を結ぶ場合の問題について争った百里基地訴訟で、最高裁は、自衛隊基地設置のための国と私人の間の売買契約は社会的に許容されない行為とはいえず、そのような契約は民法 90 条に違反しないとして、一般の私法関係と同様にとらえた（最判平元・6・20）。したがって、9 条、98 条 1 項は適用されないことになる

2 特別な法律関係

I　意　義

　権力関係には、国民は国家の統治権に服するという一般的権力関係と、特別の公法上の原因に基づく国または地方公共団体と国民との間の特別権力関係とがある。ここで問題になるのは、後者の特別権力関係である。特別権力関係には、本人の同意に基づいて成立する場合、たとえば公務員の在勤関係、国公立学校の在学関係などと、法律に基づいて成立する場合、たとえば受刑者の在監関係がある。

　この特別権力関係を用いると、法治主義を基本とする一般的権力関係とは異なる効果がもたらされることになる。すなわち、①国家は法律の根拠なしに一方的に命令、強制等を行うことができ、法治主義を排除することになること、②国家は法律の根拠なしに人権を制限できることになること、③特別権力関係内部の行為は原則として司法審査が受けられず司法救済が受けられないことなどである。

　このような特別権力関係論について、判例、通説はこれに修正を加え特別な法律関係として再構築し、人権は原則として認めら

れなければならず、制限する場合には必要最小限度に限るとし、またその制限には法律の根拠を要し、司法による救済の道を開くべきであるとする。

2　公務員の人権

公務員は、選挙権の行使を除くいっさいの政治的行為を禁止されている（国家公務員法102条、人事院規則14―7）。このような制限は、公務員は「全体の奉仕者」として勤務するのであるから、これにより政治的中立性を確保するためのものである。非管理職の現業公務員が勤務時間外に行った政治的行為の禁止の違法性を争った猿払事件（最大判昭49・11・6）で最高裁は、「政治的行為を禁止することは、禁止目的との間に合理的関連性」があり、それは間接的、付随的制約にすぎないとして、「公務員の政治的中立性を維持し、行政の中立的運営とこれに対する国民の信頼を確保するという国民全体の共同利益」のために禁止されるとした。最高裁は、その後、堀越事件（最判平24・12・7）で、「管理職的地位になく、その職務の内容や権限に裁量の余地のない公務員によって職務と全く無関係」に行われた政治的行為は、公務員の職務の遂行における政治的中立性を損なうものではないとした。

また、労働者としての公務員に対しては、28条の労働基本権が保障されるべきであるが、とくに争議権については一律禁止とされているのが現状である。

3　在監者の人権

刑事収容施設及び被収容者等の処遇に関する法律（旧監獄法）が、外部交通（面会、信書の発受、通信）の許可、禁止などを規定している（同法110条～148条）。これら個々の制限は刑事施設の

長の判断によって行われるが、裁量権の濫用がある場合には司法
審査の対象となる。

　未決拘禁者については、新聞閲読の制限（旧監獄法31条）が問
題となったよど号新聞記事抹消事件（最大判昭58・6・22）で、最
高裁は、憲法上保護されている閲読の自由も「監獄内の規律及び
秩序の維持上放置することのできない程度の障害が生ずる相当の
蓋然性があると認められる」場合には制限することができるとし
た。また、未決拘禁者の喫煙の自由の制限に関する事件で、最高
裁は、喫煙の自由は13条で保障されるとしながらも、喫煙を許
すと罪証隠滅、火災発生のおそれがあるので、制限は合理的であ
るとした（最大判昭45・9・16）。その際、制限が必要かつ合理的
かどうかは、制限の必要性の程度と制限される基本的人権の内
容、これに加えられる具体的制限の態様との衡量によって決定す
るという「比較衡量」の立場にたって判決を下している。

参政権

1 公務員の選定・罷免権

この権利は、人権保障と国民主権を結びつける権利である。しかし、すべての公務員に対し直接に選定・罷免しなければならない趣旨ではなく、憲法は、国会議員の選挙（43条）、地方公共団体の長、地方議会の議員選挙（93条2項）、最高裁判所裁判官の国民審査（79条2項・3項）についてのみ定める。

2 選挙権

I 意　味

ルソーは、「イギリス人は自由だと思っているが、それは大きな間違いである。彼らが自由なのは選挙する間だけのことで、議員が選ばれるやいなや、イギリス人は奴隷となり無に帰してしまう。」と言った。

憲法は、国民の政治的自律をもってする個人の尊厳の確保という見地から、国家権力の正当性の根拠は、全国民にあるとする国民主権主義を採用する。そのうえで、国民は国家権力を自ら行使しえないことから、国民は正当に選挙された国会における代表者を通じて行動するとする代表民主制を採用した（43条1項）。直接民主制は、憲法改正に関する国民投票（96条）、地方自治特別法の住民投票（95条）、最高裁判所裁判官の国民審査（79条2項）において認められる。

2　法的性格

選挙権の法的性格については、通説は、選挙権には権利と義務
(国家機関の一員として、公の職務を執行する義務（公務））の二つの
面があるとする二元説である。そのほかに、主権者人民を構成す
る各市民の主権行使の権利であり、市民固有の権利であるとする
権利説、自由権のような前国家的権利としてではなく、後国家的
権利としてとらえ、選挙人が国家意思形成に参加する権利である
とする政治的権利説などがある。

選挙権及び被選挙権は次の者には認められない。①禁錮以上の
刑に処せられ、その執行を終わるまでの者、②禁錮以上の刑に処
せられ、その執行を受けることがなくなるまでの者（刑の執行猶
予中の者を除く）、③公職のある間に犯した収賄罪により刑に処せ
られ、実刑期間経過後5年間（被選挙権は10年間）を経過しない
者。または、刑の執行猶予中の者、④選挙に関する犯罪で、禁錮
以上の刑に処せられ、その刑の執行猶予中の者、⑤公職選挙法等
に定める選挙に関する犯罪により、選挙権、被選挙権が停止され
ている者、⑥政治資金規正法に定める犯罪により選挙権、被選挙
権が停止されている者。

3　選挙に関する原則

（a）普通選挙　　普通選挙とは、選挙権の要件を納税額や性別
などで制限するのではなく、また社会的身分はもちろん財産、教
養などによる資格要件を付することなく、すべての成年者に選挙
権を認めることをいう。1889年（明治22年）の衆議院選挙法で
は、直接国税15円以上納税できる25歳以上の男子だけに選挙権
が付与されていたが、1945年（昭和20年）に20歳以上の男女に改
められ、現在18歳以上の国民に付与されている。

日本国憲法上は、公務員の選挙について成年者による普通選挙が保障され（15条3項）、国会議員および選挙人の資格について、人種、信条、性別、社会的身分、門地、教育、財産または収入によって差別してはならない（44条但書）と規定されている。

　しかし、次のような普通選挙が実現されていない問題がある。

(イ)外国に居住する国民に選挙権を認めていなかったことに関し、1998年改正法によって衆議院と参議院の比例代表選挙について在外投票（現地大使館／領事館で投票を行う）が認められたが、選挙区選出選挙については認められなかった。このことを問題とした在外日本人選挙権剥奪違法確認訴訟で最高裁（最大判平17・9・14）は、「在外国民は、選挙人名簿の登録について国内に居住する国民と同様の被登録資格を有しないために、そのままでは選挙権を行使することができないが、憲法によって選挙権を保障されていることに変わりはなく、国には、選挙の公正の確保に留意しつつ、その行使を現実的に可能にするために所要の措置を執るべき責務がある」として、在外国民に投票をすることを認めないことについて憲法15条1項及び3項、43条1項並びに44条但書に違反するとした。

(ロ)選挙権の行使は「投票日投票所投票自書主義」を採用するが、在宅投票制が廃止されたことで投票所に行けない身体障害者の選挙権行使が問題となる。在宅投票制度廃止事件で最高裁（最判昭60・11・21）は、「憲法には在宅投票制度の設置を積極的に命ずる明文の規定が存しないばかりでなく、かえつて、その47条は『選挙区、投票の方法その他両議院の議員の選挙に関する事項は、法律でこれを定める。』と規定しているのであつて、これが投票の方法の他選挙に関する事項の具体的決定を原則として立法府である国会の裁量的権限に任せる趣旨である」

とした。

　(b)　**平等選挙**　　選挙人の投票の価値をすべて平等に取り扱うことをいう（44 条但書）。1 人 1 票が原則である。最高裁は、1972 年に行われた衆議院議員選挙（中選挙区制）の際の、最大格差 1 : 4.99 という不均衡を違憲とした（最大判昭 51・4・14）。その後衆議院議員選挙制度は小選挙区比例代表並立制が採用された。この制度の下で問題となった重複立候補制、小選挙区制、一人別枠方式について争った小選挙区比例代表並立制違憲訴訟で最高裁（最大判平 11・11・10）は、政策本位政党本位を理由として合憲判決を下してきたが、その後一人別枠方式について、「事柄の性質上必要とされる是正のための合理的期間内に、できるだけ速やかに本件区割基準中の 1 人別枠方式を廃止し、区画審設置法 3 条 1 項の趣旨に沿って本件区割規定を改正するなど、投票価値の平等の要請にかなう立法的措置を講ずる必要がある」として、違憲の疑いがあるとする判断が示された（最判平 23・3・23）。また、参議院通常選挙の投票価値の平等について、違憲状態にあるとの判断が示された（最大判平 24・10・17）。

　(c)　**直接選挙**　　議員の選挙が一般有権者によって直接行われる方法をいう（中間選挙人を選定して選挙を行う方法を中間選挙という）。憲法は、直接選挙について、地方公共団体の長、地方議会の議員等についてのみ規定している（93 条 2 項）が、国会議員について明らかな規定がないのは、直接選挙が当然のことと理解されているからである。

　(d)　**秘密選挙**　　憲法は投票の秘密を規定する（15 条 4 項）。これは公開選挙に対立するものであり、選挙人が誰に投票したかを秘密にし、選挙をしたかどうかも秘密にすることで、選挙の公正を図る。

関連判例として、議員の当選の効力を定める手続で、選挙権の
ない者の投票その他無効な投票が何人に対してなされたかを調べ
ることは許されない（最判昭 25・11・9）。

(e) **自由選挙**　　憲法上の規定はないが、憲法の要請であると
考えることはできる。その意味は第一に、強制投票の禁止であ
る。投票に行かないことを理由に罰金などを科してはいけない。
第二に、選挙過程の自由である。この点については公職選挙法
上、戸別訪問の禁止、文書・図画の頒布の規制、事前運動の禁止
など、「公正」の名の下で諸外国に例を見ない制限を科している。

たとえば、戸別訪問の禁止について最高裁は、意見表明そのも
のの制約を目的とするものではなく、弊害を防止し、もって選挙
の自由と公正を確保することを目的としている。戸別訪問の禁止
により得られる利益は失われる利益に比してはるかに大きい。戸
別訪問を禁止するかどうかは立法政策の問題であるとした（最判
昭 56・6・15）。また、立候補の自由について、選挙権の自由の行
使と表裏の関係にあり、自由かつ公正な選挙を維持するうえで重
要なものであり、立候補の自由は 15 条 1 項の保障する権利であ
るとした（最大判昭 43・12・4）。

選挙の公正は、選挙を行う際に重要なことではあるが、選挙人
が被選挙人を十分に知ったうえで投票することは民主政治を進め
るうえで不可欠な事柄である。そのために選挙運動の自由が保障
されていなければならない。

3 請願権

請願権（16 条）とは、国や地方公共団体の機関に対し、それぞ
れの職務にかかわる事項について、苦情や希望を申し立てる行為
をいう。請願を受理するという国務を請求するという意味で受益

権の面ももつが、国民の政治的意見を主張する参政権的な面も重要であり、参政権としても位置づけられる。

　請願の手続については、請願法、国会法、地方自治法などに規定がある。要点だけまとめると次のとおりである。①請願は文書でなされるものとする、②国会や地方公共団体の議会に対する請願は、議員の紹介により請願書を提出するものとする、③天皇に対する請願や、所管公署不明のときは内閣に提出される、④法律に適合する請願は、官公署においてこれを受理し誠実に処理しなければならない。

　外国人、法人も請願をなすことができる。請願できる事項には特に制限はない。また、請願は、平穏に行使されなければならず、暴力、脅迫を伴うものは認められない。

　ところで、請願「権」は必ずしも「権利」とは理解されていない。判例は、請願はこれを受理または採用した官公署に対し特別の法律上の拘束を課するものではなく、請願者の権利義務その他の法律関係に何等の影響を及ぼすものではないとする（東京地判昭32・1・31）。

国務請求権

1 裁判を受ける権利

1 意 味

裁判を受ける権利は、明治憲法にも規定があった（24条）が、十分なものではなかった。日本国憲法は、人権が侵害された場合の救済手段として、裁判所において裁判を受ける権利を保障している（32条）。この権利は、具体的に次の意味をもつ。第一に、民事事件・行政事件に関して、何人も裁判所に訴訟を提起し、裁判を求める権利を有する。国はその請求があったときは裁判をしなければならない。明治憲法下では、行政訴訟は提起できなかった。第二に、刑事事件に関して、裁判所の公正な裁判によるのでなければ、刑罰を科せられない。

「裁判所」とは、「最高裁判所及び法律の定めるところにより設置する下級裁判所」（76条1項）をさす。

裁判を受ける権利は、法人、外国人にも等しく保障される。

2 判 例

(イ)「裁判」の意味について、最高裁は、82条の対審・判決の公開原則を前提として、「純然たる訴訟事件につき事実を確定し、当事者の主張する権利義務の存否を確定する裁判」（最大決昭35・7・6）であるとして、非訟事件を「裁判」に含めていない。

㈡管轄権について、最高裁は、32条は、訴訟法で定める管轄権を有する具体的裁判所において裁判を受ける権利までは保障していないとして、管轄違いの裁判は違憲とはいえず、法律違反にとどまるとした（最大判昭24・3・23）。もちろん、裁判所以外の機関による裁判は違憲である。

㈥憲法はいかなる事項を公開の法廷における対審および判決によって裁判すべきかについて、なんら具体的な規定を設けていないが、最高裁は、法律上の実体的権利義務自体につき争いがあり、これを確定するには、公開の法廷における審判および判決によるべきであるとする（最大決昭40・6・30）。

㈣出訴期間の短縮について、最高裁は、その期間が著しく不合理で、実質上裁判の許否と認められるような場合でない限り、32条に違反しないとする（最大判昭24・5・18）。

② 国家賠償請求権

Ⅰ　意　味

　国または公共団体の公権力を担当する公務員が、その公権力の行使にあたって、国民に不利益を与えたときにこれが賠償されないならば、人権保障、個人の尊厳の確保はありえない。そこで憲法は、公務員の不法行為にもとづく国または公共団体の賠償責任を認めている（17条）。これを具体化するために、1947年（昭和22年）に、国家賠償法が制定された。

　賠償責任を認めるにあたって、民法上の不法行為と同じく公務員の故意・過失は必要であるとしても、被害者救済の見地から国・公共団体の代位責任が必要となる。最高裁も、「職務行為を理由とする国家賠償の請求と解すべきであるから、国または公共団体が賠償の責に任ずるのであって、公務員が行政機関としての

地位において賠償の責任を負うものではなく、また公務員個人も
その責任を負うものではない」（最判昭 30・4・19）とする。

　外国人にこの請求権が認められるかについては、国家賠償法 6
条は相互保証主義を採用している。

2　判　例

(イ)国家賠償法 1 条は、公務員が主観的に権限行使の意思をもって
する場合に限らず、自己の利をはかる意図を持ってする場合で
も、客観的に職務執行の外形をそなえる行為によって他人に損
害を加えた場合には、国または公共団体に損害賠償の責任が認
められる（最判昭 31・11・30）。

(ロ)国家賠償法 2 条 1 項は、「道路、河川その他の公の営造物の設
置又は管理に瑕疵があったために他人に損害を生じたときは、
国又は公共団体は、これを賠償する責任に任ずる」と規定す
る。この「瑕疵」について最高裁は、「営造物が通常有すべき
安全性を欠いていることをいう」とし、「この瑕疵に基づく国
および公共団体の賠償責任については、その過失の存在を必要
としない」として、無過失責任を認めた（最判昭 45・8・20）。

3　刑事補償請求権

Ⅰ　制　度

　身体を拘束され、起訴された者は、多大の不利益をうける。た
とえ、その身体拘束、起訴が国の正当な行為であり、適法なもの
であっても同様である。そこで憲法は、無罪の裁判があったとき
には、事後的な金銭による救済として、刑事補償請求権を保障し
た（40 条）。この権利は、法人には当然認められないが、外国人
には保障が及ぶと解される。

　「無罪の裁判を受けたとき」とは、刑事訴訟法上無罪判決が確定したときを意味する。ただ、刑事補償法は、「免訴又は公訴棄却の裁判をすべき事由がなかったならば無罪の裁判を受けるべきものと認められる充分な事由があるとき」には、補償請求しうると規定する（刑事補償法25条）。

　本人が捜査または審判を誤らせる目的で虚偽の自白をし、または他の有罪の証拠を作為することにより、起訴、未決の抑留若しくは拘禁、または有罪の裁判を受けるに至ったと認められる場合には、刑事補償請求権の趣旨からして補償がなされない余地がある。刑事補償法3条1項は、裁判所の健全な裁量により補償の一部または全部をしないことができると定めている。

　もし、逮捕などが公務員の故意・過失により不法に行われた場合は、国家賠償（17条）と刑事補償（40条）を併せて請求できる（刑事補償法5条参照）。国家賠償請求権は、公務員の故意・過失による不法行為にもとづく損害賠償責任であるのに対し、刑事補償請求権は、公務員の故意・過失によらない無過失損害賠償請求の権利である。

2　判　　例

(イ)「犯罪後の法令により刑が廃止され、よって免訴の言い渡しをうけた場合」、刑事補償請求はできない（最決昭35・6・23）。

(ロ)「抑留または拘禁」の中には、無罪となった公訴事実に基づく抑留または拘禁はもとより、不起訴となった事実にもとづく抑留または拘禁であっても、そのうちに実質上は、無罪となった事実についての抑留または拘禁であると認められるものがあるときは、それも本条の抑留および拘禁に含まれる（最大判昭31・12・24）。

明治憲法

① 明治憲法の構成

　明治憲法（大日本帝国憲法）は、1889年（明治22年）に欽定憲法として制定された。日本におけるはじめての近代立憲主義的憲法であるが、内容の点で外見的立憲主義の憲法であるといわれる。内容は、上諭、第1章　天皇、第2章　臣民権利義務、第3章　帝国議会、第4章　国務大臣及枢密顧問、第5章　司法、第6章　会計、第7章　補則、からなっている。

② 明治憲法の特色

　明治憲法の特色として、民主的要素と、反民主的要素を指摘することができる。

Ⅰ　民主的要素

　権利・自由の保障として、法律命令の定めるところに応じた公務に就くことの権利（19条）、法律の範囲内における居住・移転の自由（22条）、法律によらずして逮捕・監禁・審問・処罰を受けない権利（23条）、裁判を受ける権利（24条）、法律に定めた場合を除くほか許諾なくして住居に侵入したり、捜索したりされない権利（25条）、信書の秘密を侵されない権利（26条）、所有権の不可侵（27条）、安寧秩序を妨げず臣民たるの義務に背かない限りでの信教の自由（28条）、法律の範囲内における言論著作印行

集会および結社の自由（29条）、相当の敬礼を守り別に定める規程による請願権の行使（30条）が定められていた。

　臣民の義務としては、兵役の義務（20条）、納税の義務（21条）が規定されていた。

　そのほかに、形式的ではあるが、三権分立、議会における二院制と衆議院の選挙、司法権の独立なども民主的要素といえる。

2　反民主的要素

　天皇主権（1条）のもとで、神権主義（3条）、統治権の総覧者（4条）、統帥権の独立（11条）等の天皇大権中心主義の採用、貴族院の存在（33、34条）、天皇に対する協賛機関としての帝国議会（5条）、国務大臣の天皇に対する単独責任制（55条）、天皇の名による裁判（56条）、などである。

憲法の改正と保障

1 憲法改正

Ⅰ　憲法改正の概念

　憲法の改正とは、成文憲法のある条項を修正し、または削除し、あるいは追加することなどのほかに、新たに条項を設けて、もとの憲法典を増補することにより、憲法に対し意識的に変改を加える行為をいう。したがって、憲法の廃棄、憲法の廃止、憲法の停止および憲法の破棄などは本来の憲法の改正ではなく、さらに、憲法改正手続がとられず、憲法の条項がそのままでありながらその規範的意味内容が変改される憲法の変遷とも区別される。

　明治憲法は、憲法発布の勅語では「不磨の大典」とされていたが、天皇主権に基づいて天皇に改正の権限を認めていた（明治憲法73条）。日本国憲法は、この改正手続にしたがって成立した。すなわち、第90帝国議会に勅書をもって憲法改正が付議され、若干の修正が加えられて可決され、枢密院の諮詢、天皇の裁可を経て公布された。

2　憲法改正手続

　96条が規定する改正手続は、各議院の総議員の3分の2以上の賛成を必要とすること、この議決において両議院は対等であり衆議院の優越は認められないこと、国民投票による承認を規定していることから、日本国憲法は硬性憲法であると解されている。

　なお、2007 年（平成 19 年）に「日本国憲法の改正手続に関する法律」が制定された。

　(a) **国会の発議**　「この憲法の改正は、各議院の総議員の 3 分の 2 以上の賛成で、国会が、これを発議」する。憲法改正権は、本来、主権者たる国民（憲法制定権者）が有していることから、民主的改正手続として、国会にその発案権を委託したのである。国会の発議が成立するためには、衆参いずれかの議院において憲法改正の議案が発案されなければならない。その際、改正の発案は主権者たる国民に代わって行うのであるから、内閣はその発案権を有しないものと解せられる（この点については、学説が分かれる）。

　各議院における議決については、それぞれの総議員の 3 分の 2 以上の賛成を必要とする。この「総議員」の意味については、各議院の議員の法定議員数とする説と、現在議員数とする説に分かれる。後説は欠員が反対票に数えられることの不合理性を理由とするが、改正は慎重に判断すべきであろう。なお、国会の審議・議決の際の定足数について、憲法にはこれらに関する規定は存在しない。審議においては通常と同じく 3 分の 1 で足りるとする説と 3 分の 2 が必要であるとする説に分かれるが、議決においては総議員の 3 分の 2 以上の賛成が必要であるとしているので、通説は定足数は 3 分の 2 以上と解する。

　(b) **国民の承認**　国会の発議した憲法改正案は、さらに、国民に提案してその承認を経なければならない。「この承認には、特別の国民投票又は国会の定める選挙の際行はれる投票において、その過半数の賛成を必要とする」。これは地方自治特別法の住民投票、最高裁判所裁判官の国民審査とならんで、直接民主制を示している。ここにいう「特別の国民投票」とは、とくに憲法

改正のために行われる国民投票の意味であり、これは国会の議決によって定められる。また、「国会の定める選挙の際行はれる投票」とは、その性質上、衆議院議員の総選挙や参議院議員の通常選挙のように全国的であり、かつ同時に行われる選挙であることを要し、この場合も国会の議決によって定められる。なお、「国民の承認」をえるためには、投票の過半数の賛成を必要とするが、「その過半数」とは有効投票の過半数とみるべきであろう（他に、有権者の過半数とする説、総投票の過半数とする説がある）。

　(c)　天皇の公布　　国民の承認を経て、確定的に成立した憲法改正について、「天皇は、国民の名で、この憲法と一体を成すものとして、直ちにこれを公布する」と規定する。この公布は、すでに成立した改正を公布するだけの形式的行為である。

3　憲法改正の限界

　憲法改正手続が規定されているとはいえ、無制限に改正できるかどうかは問題である。学説は大別して、改正無限界説と改正限界説に分かれる。改正に限界があると考える立場には、憲法制定権力が憲法改正権力よりも上位にあるとする立場、自然法の存在を承認する立場がある。それに対し、改正無限界と考える立場には、憲法制定権力と憲法改正権力は同一であるとする立場、憲法に改正規定がある以上改正可能な規定と不可能な規定を区別することはできないとする立場、憲法は社会の変化に対応して変化すべきであるとする立場、など多様である。

　憲法上は、①前文で国民主権を宣言したあと、「これは人類普遍の原理であり、この憲法はかかる原理に基づくものである。われらは、これに反する一切の憲法、法令及び詔勅を排除する」と規定し、国民主権を変更、排除することを禁止している。これ

は、憲法制定権力の所在の変更を認めない趣旨である。②基本的人権は、侵すことのできない永久の権利として保障されている。③前文で永久平和主義を強調し、戦争を放棄し、軍備を撤廃していること、全世界の平和の達成を決意している。すくなくともこれらは改正の限界を示すものである。

　なお、憲法改正規定を改正して憲法改正をしやすくするために緩やかな手続に変更することを96条によって根拠づけようとすることは、それが憲法の基本原理に触れるものである限り、憲法改正行為の限界を超えるものとして許されないと解せられる。

　日本国憲法は、明治憲法73条の改正手続にしたがって明治憲法の「改正」という形で制定された。この点で、両憲法は法的連続性を有している。それに対して、「欽定憲法」から「民定憲法」への変更は憲法制定権力の変更であり、両憲法の間には断絶がみられる。これを説明する法理として、八月革命説が説かれる。

❷ 憲法の変遷

　憲法変遷とは、憲法改正手続を経ることなく、憲法の条項がそのままでありながらその規範的意味内容を変改することをいう。たとえば、9条は戦力の不保持を規定するが、その規定とは反対に現実には自衛隊が存在するという状態がある。ここで重要なのは、日本国憲法は成文憲法中心主義、立憲主義、硬性憲法という性格を有すること、また憲法内容の変化はあくまで憲法改正手続にしたがって行うべきであること、である。

　ここではまず、成文憲法に合わない憲法実例が存在し、その間にズレが生じているということは、憲法変遷を論じる場合の前提である（これを法社会学的意義の変遷という）。問題は、このズレを解釈に際してどのように受けとめるのか、すなわち基本的には

「憲法法源の変遷」を認めるか否かである（さらに「憲法解釈の意味の変遷」の問題もある。これを法解釈学的意義の変遷という）。慣習法説は、成文憲法が枯死し、憲法規範に合わない事実が慣習法つまり不文の憲法規範としてそれにとって代わるとする。これに対して、事実説は、憲法規範に合わない事実は単なる事実であって、不文の憲法規範が成立することを否定する。また習律説は、憲法規範に合わない事実を単なる事実とみるのではなく、イギリス憲法にいう「習律」であるから、憲法規範にとって代わることを否定する。法は一般的に、国民によって遵守されているという実効性と、国民に遵守を要求するという妥当性が必要である。変遷を肯定する見解は、憲法の実効性が失われた（仮死状態）点を強調する。しかし、妥当性が失われていなければ実効性を回復することは可能である。なお、憲法変遷の議論においては、「違憲の事実」を前提とする変遷論は認められないといわなければならない。

❸ 憲法の保障

Ⅰ　憲法保障の概念

　憲法の保障とは、国法体系において最高の法規範である憲法が、下位の法規範ないし法的措置によって変改・変質させられることを事前に予防し、もしくは事後に回復あるいは是正する国法的装置をいう。この意味での憲法の保障は、とくに、国家権力によって侵害・破壊され、空洞化される憲法を国家権力から守り、憲法の安定性と実効性とを確保しようと企図するものである。

2　日本国憲法における憲法保障制度

(a) 制度化された保障

①憲法の最高法規性を宣言している（98条1項）。

②公務員に憲法尊重擁護義務を課している（99条）。憲法の最高法規性を確保するために憲法制定権者である国民が、国家権力の行使に携わる公務員に対して、憲法の尊重擁護義務を課している。そこでは、「天皇又は摂政及び国務大臣、国会議員、裁判官その他の公務員」と規定しており、「国民」は含まれていない。

これは、国家が国民に憲法の尊重を要求するものではなく、国民が国家に対しそれを要求するのである。すなわち、国民はこれに縛られないで自由にものを言えるのである。国民の憲法尊重擁護は、法で強制できないのである。

これに対し、公務員の憲法尊重擁護義務はどの程度のものであろうか。単に憲法を誹謗中傷しただけでも義務違反になるのか、あるいは改正したい部分がある場合にそれを遵守しないことが義務違反になるのか、問題になろう。

③違憲立法審査権が規定されている（81条）。この性格については、最高裁は付随的違憲審査制と解している（警察予備隊違憲訴訟：最大判昭27・10・8）。

なお、裁判所の判決が正当性を主張できるのは、国民に信頼されうる判決理由の論理的合理化と緻密化にあるといえる。しかし、内閣が最高裁長官の指名権・その他の裁判官の任命権（6条、79条1項、80条1項）を有することにより、裁判所の構成に偏った影響を与える可能性もある。

④三権分立制（41条、65条、76条）、国会の二院制（42条）、議院内閣制などによる権力間の抑制・均衡を通じて、権力の濫用を防止することがはかられている。

(b) 制度化されない保障

①抵抗権に関する規定はない。ただ、12条が、憲法が保障する自由および権利を国民の不断の努力によって保持しなければならないとする規定しており、これが抵抗権を示唆しているともいえよう。

憲法無視に対して、法的救済によらないで実力による憲法秩序の保障を認める制度がある。これが抵抗権である。抵抗権については大別して二つの見解がある。第一は、自然法上の権利とする見解である。「合法的に成立している法律上の義務を、それ以外の何らかの義務を根拠として、否認することを正当とする主張」であり、これは、抵抗権の正当化根拠を自然法に求めるがゆえに、合法化になじまない超実定法的権利であるとする。第二は、実定法上の権利とする見解である。「自然権を基盤とする立憲民主主義憲法に内在するところの、実定法上の権利である」。これは現行憲法が自然権思想を前提としている限りにおいて妥当するのであり、いわゆる革命権とは異なる。どのような見解にたつにしても、最終的には、正しい憲法意識を備えた主権者たる国民こそが憲法保障の真の担い手でなければならない。憲法で抵抗権を保障した例として、ボン基本法20条が、「すべてのドイツ人は、この秩序を除去しようと企てるいかなる者に対して、他の救済手段がない場合には、抵抗権を有する」と規定している。

②国家緊急権に関する規定はない。ただ、緊急の場合であっても立憲主義を停止せずに、臨時的措置で対処しようとする、参議院の緊急集会制度が規定されている（52条2項・3項）。

国家緊急権とは、戦争、内乱、大規模の自然災害など起こりうる非常事態において、国家または憲法体制の存立をはかるための制度であり、人権保障などの立憲主義体制を一時的に停止して権

力集中をおこない、正常な機能への回復をはかる。この制度は憲法上規定されることによって憲法保障のための手段といえる。しかし、外観上は立憲主義を示しながら、立憲主義を回復するために立憲主義を停止するという矛盾がある。また、そこでとられる非常措置は必要最小限度のものでなければならないし、それだけではなくさらに非常事態があると判断する場合の恣意の危険性がある。すくなくとも、事後的に非常措置に対する責任追及の制度が確保される必要がある。

3　国民による憲法保障制度

　憲法保障の最終的な制度は、正しい憲法意識を備えた主権者たる国民こそ、憲法保障の真の担い手でなければならない。それは国民主権に基づいて制定された憲法として、きわめて当然のことである。この意味では、国民こそが、「憲法の最高の番人」であるといえる。具体的には、国会両議院議員の選挙（前文、43条、54条）、最高裁判所裁判官の国民審査（79条2項）をはじめとする公務員を選定・罷免する権利（15条）、さらに憲法改正における国民投票（96条）、そして表現の自由（21条1項）によって憲法の侵害・破壊から憲法を守ることができるし、そうすることが期待されているのである。

法　　学

1 社会生活と社会規範

❶社会規範の意義

　人は他の人と無関係に一人で生きているのではなく、共同して社会生活を営んでいる。結城哀草果の句"平和なる山村と見るは愚かにて　争いを重ねそのつど飲酒す"はそのことを如実に現わしている。その限りで、社会には一定の秩序がある。そこでは人々が守らなければならないルール（社会規範）が必要である。「社会あるところに、法あり」ということばはこのことを示すものである。

　ルールには、強制力をもつものと、そうでないものとがあるが、その意味するものは、「〜すべし」という当為であり、社会生活を営む人々（社会構成員）はそれを遵守することが要求される。江戸時代には村八分というルールがあったが、このルールの意味するところは制裁であり、現代では認められるべきではない。最近の事例として、たとえば新潟地方裁判所新発田支部平成19 年 2 月 27 日判決（平成 16 年（ワ）第 86 号、平成 18 年（ワ）第26 号）がある。

　ここでたとえば、ざる法ともいわれる未成年者飲酒禁止法 1 条「満二十年ニ至ラサル者ハ酒類ヲ飲用スルコトヲ得ス」という社会規範の意義をどのように考えるか、検討してもらいたい。

② 法学とは

　ルールには様々な種類があるが、その中でもとくに「法」が、社会を形成していくうえで最も重要なルールであると理解されてきている。

　では、社会を規律する法の一般的イメージはどのようなものであろうか。

　法というものは、良かれ悪しかれ人間を拘束し、「法律はこうなっているから、こう考えるべきだ」という形で、社会における様々な問題を解決しようとする。たとえば身近なものとして、離婚とか、遺産相続などのように。そして、たとえば弁護士にとっては、これを解決するのが仕事となる。このような法学に対して、18世紀ドイツの作家シラーは「パンのための学問」であるとか、19世紀ドイツの詩人ハイネは「最も圧政的な学問」であると称した。また、法を操つる人に対しては、「良き法律家は、悪しき隣人」という法諺もあるくらいである。

　このような批判はあるが、法はいまを生きるわたしたちの身近にあり、無意識のうちにそれに接しているということは意識されなければならない。たとえば、赤信号を渡ってはいけない、というルールのように。ルールは、よりよき社会生活を営むためには不可欠な要素である。法は深く入り込むと確かに難しい理論が展開されるが、その判断における出発点は私たちの社会をどうしたいかという点にあることを忘れてはならない。

2

社会規範

① 社会規範の種類

社会規範というと堅苦しいが、服装や髪型など時代の流行を追うこともわたしたちの日常生活における一つの規範（ルール）である。社会規範は、すべてわたしたちの日常に関わるものである。ただここで対象とする規範は、流行のような、一時的に、急に、ある現象が人々の間に広まり、ほどなくして廃れてゆくようなものではなく、長期にわたり社会の多くの人々に関わる内容をもつものである。ではどのような規範があるか、いくつか典型的なものを挙げてみよう。

（a）**法**　国家によって承認された、強制力をもつ規範である。とくに近代以降の国家では、法の支配と結びつくことにより、他の社会規範と異なり、国家形成の際の重要な要素である。強制力は刑罰などの物理的強制力が典型であり、これによって法を遵守させる。

（b）**道 徳**　人間の内面に関する規範であり、行為の善悪の判断基準となる。夏目漱石は、強者にとって都合のよいものが道徳の形であらわされると述べている。

（c）**慣 習**　ある社会の内部に存在するしきたりで、歴史的に発達し、社会の構成員に広く承認されている行動様式である。

（d）**習 慣**　繰り返し行われている事柄で、慣習よりも私的なもの。

(e) 宗　教　　超自然的、超人間的本質（神、仏、霊等）の存在を確認し、畏敬崇拝する心情と行為（津地鎮祭事件控訴審判決：名古屋高判昭 46・5・14）であるが、宗教を信じるものにとってのみ意味のある規範である。宗教に対する日本社会の特色として、無宗教かつ多宗教といわれるが、これは宗教の問題なのか文化といってよいのか検討の余地がある。

② 法と道徳

　社会規範の中でもとくに法は、第一に、国家によって認められたものであること（このことは、近代以降の国家では法治国家、法の支配に結びつく）、第二に、国家による物理的強制力（刑罰など）を伴っていること、という特色を持ち他の社会規範から区別される。

　ところで、たとえば「人を殺した者は、死刑又は無期若しくは 5 年以上の懲役に処する。」という刑法 199 条の規定は、「人を殺してはならない」 という法律上のルールであると同時に、道徳としての意味ももっている。このような法と道徳はどこで区別されるのだろうか。

　①法は人間の外面的な行為に関する規範であるのに対し、道徳は人間の内面に関する規範である。道徳についてヘーゲルは個人の主観的良心であるとした。カントは、「道徳法則に対する尊敬」をもってある行為が義務から行われる場合に道徳的価値があるとした。

　②法はその違反者に対して制裁を科すという強制力を有する。それに対し、道徳は人間の内心的な遵守によって保たれ、違反者に対しても世論により非難されるというようなものにとどまることが多い。

　このような相違は、道徳は理想的な人間像を前提とするのに対し、法は平均的な普通の人間像をその対象としていることからくる。しかし、法と道徳は完全に区別されてしまうのではなく、互いに支えあって秩序を維持しているのである。

　では、道路通行における「右側通行」という規範は道徳とどのような関係があるのか、あるいはないのかを検討してみよう。

3 法のはたらき

① 「法」の意味

　道徳が善を追求する規範であるとすれば、法はなにを求める規範であろうか。

　まず、「法」という漢字のもつ意味をみてみよう。法は「たいらか」の意味で用いられるが、法の原字は灋という字である。「氵」、「廌」、「去」の3つの部分から成り立つ。「氵」はさんずいで水をあらわし、公平にすることを意味する。「廌」（タイと読む）は想像上の獣で、不直者に触れるとそこを去る。「去」は悪を除去する。これらをまとめると、「法」は公平を測って、不公平を除去する、そして正しさを指し示すことになる。もっとも、この灋の意味にはほかにもさまざまな説明があるようである。

　法を国語の辞書で調べるとさまざまな意味が示されている。共通するところをまとめれば、一定の定まったこと、を示しているといえる。ただ、ニュートンの法則のような自然の法則はそこに示された内容は例外なく必ず行われるのに対し、社会規範としての法は平均的な普通の人間を規律するものであるから、例外なく実現されるのはきわめて難しいことである。たとえば緊急避難「自己又は他人の生命、身体、自由又は財産に対する現在の危難を避けるため、やむを得ずにした行為は、これによって生じた害が避けようとした害の程度を超えなかった場合に限り、罰しない」（刑法37条）を例に考えてみるとよい（カルネアデスの板）。

② 行為規範

　法は第一次的には、社会構成員に対する行為の基準となるきまりである。その表現のし方は、客観的、一般的に一定の行為を命令し（「〜すべし」）、あるいは禁止する（「〜してはならない」）という形をとる。

　しかし、法は、必ずしもすべての人が法を遵守することを前提とはせず、違反が生じることを予定している。したがって、ある行為を禁止する場合、それに違反したら制裁を科すという心理的威嚇によって、違反を防ごうとするのである。これは、自然現象はある法則にしたがって生ずるのに反し、社会生活においては不変の法則というものがないため、その時代状況、社会状況にあった一定の理念を示し、それを実現しようとするところに、法の第一次的な意味があることを意味する。

　他面、法の内容は現実においては、権利・義務として現われるたとえば、品物の売買（民法555条）を例に見ると、品物の売主は代金を請求できるという権利があると同時に、品物を買い主に引き渡す義務があるということである。

　1789年のフランス人権宣言は、「すべての者は、犯罪者と宣告されるまでは、無罪と推定されるものである」と規定する。これは、法の判断における出発点は常識であるという見方、つまり、「あいつが犯人じゃないのか」という見方と矛盾する。しかし、「犯人じゃないのか」という見方は単なるイメージであり、かりにそれが常識であるとしても、「無罪と推定」する「法の常識」が法的には意味のある見方である。これが、法の考え方、役割であり、人類が長いことかけて築いてきた人権保障に資する見方なのである。

③ 強制規範

規範によって何らかの行為の型態（あるいは限界）が決まると、それを遵守しようとするのが一般的な考え方であろう。それゆえに、それに対する違反に対しては制裁が科される。しかし、法を除いた他の規範においては制裁のし方は定まっておらず、また必ず制裁が科されるものでもない。しかも、その制裁には強制力がないため、無感覚な、鈍感な人にはほとんど効果が現われない場合もある。

それに対し、法の違反に対しては、国家による物理的な制裁が科される。たとえば、死刑、懲役、罰金などの刑罰や強制執行、損害賠償などである。この意味で、法は強制的な規範である。

違反者に対して制裁を科すのは国家であるが、具体的には裁判による。したがって、法は具体的事件を解決する場合の裁判の基準となる。この意味で、法は裁判における規範であり、裁判規範となる（「すべて裁判官は…この憲法及び法律にのみ拘束される」（憲法76条））。現代における裁判は公平な裁判を実現するために法による裁判が必要とされる。その意味では、人情味あふれる大岡裁きは排除される。

なお、法の違反は例外であるとしても、なぜ違反が生じるのか。また、違反に対して制裁を科すことが当然のことと理解されているが、制裁を科すことの意味はどこにあるのかを検討すべきである。

④ 組織規範

これまで述べてきた行為規範、強制規範を現実に運用するために、国家機関の組織を定める組織規範が必要となる。たとえば、

違反者に対して誰が制裁を科すのかを定める規範（裁判所法）、その制裁を科す手続を定める規範（刑事訴訟法）などである。組織をどのように作るかがその社会のあり方を示す重要な要素である。

法の目的

① 法的安定性（法秩序の維持）

　法の定立・運用は、社会ないし国家の秩序を保持することにある。すなわち、法はそれ自身が目的ではなく、秩序の維持のための手段である。その秩序は、正しいと判断されるものでなければならない。しかし、「悪法も法なり」と称し、悪法でも法的安定性をもたらすものであれば、最低限の役割は果たし得るという考え方もある。

　法的安定性のためには、まず、第一に、法の内容が明らかでなければならない。そのために今日では、成文法中心主義がとられる。第二に、法はみだりに変更されてはならない。すなわち、予測可能性がなければならない。そのことによって人は、安心して行動することができる。しかし、法があまりにも人々の意識からかけ離れたものであると、その法の遵守は望めなくなる。したがって、実効性のある内容をもつ法の存在によって、秩序が維持されることになる。

② 具体的妥当性（正義の追求）

　社会の秩序が法によって維持されても、法の内容が正義を現わすものでなければ、法の存在する意味がなくなる。すなわち、問題を解決する際に、合理的な扱いがなされなければならない。

　法を学として扱う法学は科学でなければならない。したがっ

て、まず、国民はどのような法に従って生活しているのか、国家
はどのように法を運用しているのかという現状を客観的に認識し
なければならない。科学であるということは、この認識には価値
判断を混入させてはならない。

　次に、先の認識を基に、なにを改革するのかの判断が求められ
る。その判断をする際に重要なのが価値の設定である。

　しかし、価値は結局は一人一人異なり、価値設定者の主観的判
断に委ねられる。法学はこの価値にどのように向き合うのか。価
値は一人一人のものであるとしても、社会規範としての法は現実
の諸条件の中で客観的に決めうるものでなければならず、最も適
切なものがなにかを決めなければならない。決められた価値が一
人一人にとっても大事なものという認識が生じれば、それがわれ
われに「よりふさわしいもの」と受け止められることになる。そ
して、それが「正しいこと」となる。ただ、正しいことは絶対的
なものではなく、不断に追求されていかなければならない。

権　利

1 意　義

　法は、社会生活における人間の行為を規律する規範であるが、このことは現実の生活では権利・義務の発生、変更、消滅という具体的な関係としてあらわれる。権利は、近代市民社会の成立によってもたらされた自由で平等な個人を主体として捉えられる。しかし、権利の本質の概念については、法秩序によって賦与された意思の力であるとか、法によって保護される利益である、というように一義的には定義できない。

　法が行為規範と強制規範という二重の構造をもつのに対応して、権利も行為規範上は他者の義務の履行を期待し、それにより自己の利益を保護することができる。他方、強制規範により、裁判を通じて権利が保護されるのである。

2 価値としての権利の意味

　歴史的に、権利は個人主義思想に基づいて、個人の自由な活動を可能にした。しかし、社会の変化・発展に伴い、公益の尊重が重要度を増し、権利の行使に制限が加えられるようになった。憲法第12条「国民は、これを濫用してはならないのであって、常に公共の福祉のためにこれを利用する責任を負ふ。」や、民法第1条「①私権は、公共の福祉に適合しなければならない。②権利の行使及び義務の履行は、信義に従い誠実に行わなければならな

い。③権利の濫用は、これを許さない。」という規定はこのこと
を明文で示している。

　このことを踏まえて、あらためて権利の意味を考えてみる。権
利という漢字の意味を調べると、「権」は天秤ではかるとか、物
事の成否をはかり考える、社会における勢力という意味であり、
「利」は利益である。つまり、利益という重要なもの、価値の意
味をはかり実現するという意味である。しかし、価値を見いだし
ただけでは正当性を付与することができないから、社会的に承認
することでその価値は正しいと認識されることになる。社会的に
認識する手法は法を制定するというやり方がとられる。そうする
ことで、権利は正しいものと理解されるのである。「権利」はド
イツ語では Recht であるが、その訳語は「法」、「権利」、「正義」
である。

　そうすると、権利は正しいものなので、間違っているという認
識はなされず、権利は必ず実現されるはずである。ところが、前
述のように、法律上は、権利行使において公共の福祉に反しては
ならないとされている。公共の福祉とは、社会を形成、維持する
上で必要とされ、全体の調整を行うものである。そうすると、公
共の福祉に反するということは、あなたが享有している権利は、
全部とはいわないまでも、少なくとも公共の福祉に反する部分は
間違っていますということを意味する。間違っているものを権利
ということはできないはずであるから、公共の福祉に反する権利
は権利であることを否定されることになる。気がついたときに
は、権利はすべて否定されてしまったということになりかねな
い。さて、この論理は間違っていないといえるか、それともどこ
かがおかしいといえるか。現代社会を生きる私たちに課せられた
課題である。

法の分類

① 形式による分類—法源

法源とは法の源、すなわち法の存在形式、裁判の際の基準となるものをいう。

Ⅰ　成文法（制定法）

立法機関により文字で表現された文書が、一定の手続を経て公布された法を成文法（制定法）という。慣習法、判例法などの不文法に対置される。日本では成文法中心主義（制定法主義）がとられ、法を運用する機関にとっても、国民にとっても、内容が明らかになることから、秩序維持を的確に行うことができるという利点がある。その反面、法はいったん制定されると容易には変更されず、社会の進化、変化に柔軟に対応しきれないという短所がある。それゆえに、不文法の重要性が増してくる。成文法には次のものがある。

　(a) **憲　法**　　国民の権利・義務、国家組織などについて定める。憲法は法体系の中で最高の効力をもち、憲法に反する法律などは効力をもたないことになる（98条1項）。憲法に基づいた国家運営を立憲主義という。

　(b) **法　律**　　法律は、広義には成文法、不文法を問わず法一般を意味し、狭義には議会が立法手続に従って制定する法を意味する。一般的には狭義の意味の法律をいい、その効力は、憲法に

次ぐ。

　(c) **命　令**　　立法機関以外の他の国家機関が定める法規を命令という。命令には法律との関係でいくつかの種類がある。第一に、法律を実施するために必要な細則を定める執行命令、第二に、「政令の定めるところによる」というような法律の委任に基づいて定められる委任命令（命令で国民の権利を制限したり、罰則を設けたりするには法律の委任がなければならない）がある。このような命令はそれを制定する者によって名称が異なる。内閣によって定められる政令、各省の大臣が定める省令、各省の外局の長や会計検査院、人事院等の定める規則などがある。

　(d) **条　例**　　地方公共団体が、地方議会の議決により定める法規を条例という。ただし、条例は法律の範囲内で制定されなければならないという限界がある。

　(e) **条　約**　　国家間の合意を文書にしたものを条約という。条約が国内で効力をもつには国会の承認を受けなければならない。条約の効力は、憲法以外の国内法よりも優位にあるが、憲法との関係では問題がある（**後述❷-3 国内法と国際法**も参照）。

2　不文法（非制定法）

　法律の欠缺を不文法が補充するという形をとっている。

　(a) **慣習法**　　慣習法とは、社会生活において繰り返し行われている単なる慣習に対して、社会構成員の中にそれに従うべきだという規範意識が生じてきたものをいう。慣習法は成文法を補充するものであり、成文法に反するものは認められない。

　法の適用に関する通則法３条は、「公の秩序又は善良の風俗に反しない慣習は、法令の規定により認められたもの又は法令に規定されていない事項に関するものに限り、法律と同一の効力を有

する」と定める。しかし、たとえば商法1条は商慣習法が制定法たる民法よりも優先して適用されるとし、さらに民法92条は慣習法として認められていない事実たる慣習（単なる慣習）も、当事者がその慣習に従う意思があるとみられる場合には任意法規に優先するとする。

このような例外は民事関係においてのみみられることであり、刑事関係においては罪刑法定主義の原則から慣習法の入る余地はまったくない。

(b) **判例法**　裁判の先例が、同種の事件について繰り返し同様の判断をもたらす場合、判決は事実上裁判において法的拘束力をもってくる。これを判例法という。

日本では、法制度上は判例の法的拘束力を認めていないが、現実には、上級審の判断は下級審の判断を拘束する。また、最高裁判所も自己の判例を変更するには大法廷を開いて審理しなければならないとされている（裁10条）。

このように、判例は実際上拘束力をもっており、そのことは法的安定性という法の目的に奉仕することになる。

(c) **条　理**　制定法、慣習法、判例法は各々法源として、裁判所が裁判をする際のよりどころとなっている。しかし、社会の変化に伴い予見できない事件が生じた場合には、それに対処する法が存在しないことになる（これを法の欠缺という）。この場合、刑事裁判では「疑わしきは罰せず」という原則から無罪とするが、民事裁判では紛争を処理しなければならないので、裁判を拒否することはできない。このような場合に、裁判官は条理をよりどころとして判決を下すことになる。条理とは、ものの道理、ものごとの筋道、をいう。すなわち、法的ものの考え方である。したがって、条理は裁判官の判断にまかされることになる。

　明治八年太政官布告第百三号（裁判事務心得）第三条「民事ノ裁判ニ成文ノ法律ナキモノハ習慣ニ依リ習慣ナキモノハ条理ヲ推考シテ裁判スヘシ」は現在でも有効である。

② 内容による分類

Ⅰ　公法と私法、社会法

　公法と私法の区別には諸説がある。第一は、法が保護する利益により、公益を保護する法を公法、私益を保護する法を私法とする。しかし、公法の中にも私益を保護する法もあり（たとえば刑法）、必ずしも適切な区別とはいえない。第二は、法律関係の主体により、その少なくとも一方が国家または公共団体に関係する事柄を規律する法を公法、私人相互の関係を規律する法を私法とする。しかし、国家または公共団体が私人と同様の資格で、個人との間で契約関係を結ぶ場合もある。そこで第三に、法律関係の性質により、国家統治権の発動を規律する法を公法、非統治関係あるいは対等関係を規律する法を私法とする説があらわれる。現在、この説がもっとも妥当な考え方であると解されている。これによると、憲法、行政法、刑法、訴訟法、国際法などが公法に属し、民法、商法などが私法に属する。

　なお、公法と私法の交錯する中間領域として社会法が形成されている。この領域は、私法における契約の自由、個人主義というような原理のもつ弊害を制限ないし修正する意味をもっている。この領域に属する法として、労働法、社会保障法、独占禁止法などがある。

2　実体法と手続法

　実体法とは、権利・義務の発生、変更、消滅、効果などについ

て規定する法律をいい、民法、商法、刑法などがある。これに対し、手続法とは、このような権利・義務を具体的に実現するために、強制、履行、保全などの手続について規定する法律をいい、民事訴訟法、刑事訴訟法、破産法などがある。この意味で、実体法は手続法の存在によって、その目的を実現することができる。しかし、民法 33 条の法人設立の手続のように、実体法の中に手続法が含まれていることもある。

3　国内法と国際法

国内法とは、自国の領土内およびその国民に適用される法をいう。これに対し 国際法とは、国家間の条約など、国家相互の法律関係を定める法をいう。国際法は国際公法とも呼ばれ、国際私法と区別される。国際私法とは、自国の法律と他国の法律が抵触する場合にどの法律が適用されるかを定める法であり、日本では法の適用に関する通則法 38 条以下がそれを定める。

国内法と国際法との関係について両者をまったく別々の法律秩序であるとする二元論と、両者を一つの法秩序を形成するものとみて、国際法の国内における効力を認める説があり、後者が一般的に認められている。そこで、とりわけ条約と憲法との法的効力が問題とされ、憲法優位説と条約優位説が対立する。

③ 効力による分類

I　一般法と特別法

法の効力は、上位の法は下位の法に優先する。さらに、同じ法律の間においても一般法と特別法の優劣がある。一般法はその効力が人、場所、事項に対して一般的に及ぶ法をいい、特別法はその効力が人、場所、事項の中の特定の範囲にだけ及ぶ法をいう。

たとえば、民法は一般法であるのに対し、商法はその特別法である。しかし、この区別は相対的なものであり、民法に対して特別法である商法も、手形法との関係では一般法となり、手形法が特別法となる。この区別の実益は、「特別法は一般法に優先する」という原則によって、法の効力、適用の順位を明確にしておくことにある。

なお、同じ効力をもつ法の間では、後に新たに制定された法（後法、新法）が前法（旧法）に優先して適用される、「後法は前法を廃する」という原則がある。

2　強行法と任意法

強行法とは、当事者の意思にかかわらずに適用される法をいい、これに対し任意法とは、当事者が法と異なる意思を表示しないときにのみ適用される法をいう。民法91条の、「法律行為の当事者が法令中の公の秩序に関しない規定と異なる意思を表示したときは、その意思に従う」という規定はこのことを定めたものである。

任意法が認められる領域は、私法の領域においてのみであり、公法はすべて強行法である。これは、私法の領域では契約の自由のように私的自治を尊重することが要請されるからである。しかし、任意法もいったん適用されれば強行されることになる。

法の効力

① 法の効力の意味

人間社会を規律する法について、実際に適用されるかどうか、すなわち法が効力をもつかどうかが問題になる。

法の効力には、第一に、法という規範の実現、遵守の要求（法の妥当性）、第二に、法が現実に拘束力をもって事実を動かす力をもつこと（法の実効性）、の二つの意味があり、これらは実定法の根本的性質である。

実定法とは、国家機関によって定立され、適用される法をいう。下位の法規範は上位の法規範に制約されて存在し、逆に上位の法規範は下位の法規範の効力を根拠づける。これは、憲法—法律—命令・処分・判決という段階構造をなし、法的安定性の要求に応えるものである。

② 時に関する効力

法はその施行の日から廃止の日まで効力をもつ。法律が制定されると公布され、一定の告知期間を経て施行される。法の適用に関する通則法2条は、公布の日から起算して20日を経過した日から施行すると定める。

したがって、法は施行前に生じた事項には適用されない。これを、「法律不遡及の原則」といい、とりわけ刑罰については憲法39条で事後法の禁止として定められている。

③ 場所に関する効力

　法はその国の領土、領空、領海の全般にわたり効力をもつ。したがって、原則としてその国に在住する外国人にも効力が及ぶ。しかし、例外として、ひとつの地方公共団体のみに適用される特別法（憲法95条）のような、限定された所にのみ適用される法律もある。

④ 人に関する効力

　法がどの範囲の人に適用されるかで、属地主義と属人主義にわけられる。属地主義とは、その国の国民およびその領土内に存在する外国人に対して法を適用することをいう。これに対し、属人主義とは、その国の領土の内外を問わずに、国民はその属する国の法の支配をうけることをいう。

　現代では、ほとんどの国が属地主義を原則として採用している。しかし、皇室典範は一般国民には適用されず、また、治外法権を有する外国人はその在留する国の法の適用はうけず、自国の法のみの適用をうけるという例外がある。

8 法の解釈

1 法の適用

法を適用するとは、法の抽象的な内容を具体的事実にあてはめて実現する、つまり法的効果を生じさせることをいう。

法の適用は、具体的事件に対して法つまり裁判規範に基づいて裁判所が裁判をするという方法によって行われる時に典型的にみられる。この場合、裁判官は、第一に事実認定をし、次にこの事実に適用すべき法を明らかにする。このことから、表面上は、結論（判決）は適用法規を大前提とし、事実を小前提とする三段論法によって出されるかのようにみえる。

日本の裁判制度は、第二審への控訴、第三審への上告（両者をあわせて上訴という）ができる三審制をとり、審理を慎重ならしめている。また、事実認定に際し、どの証拠を採用すべきかは裁判官の自由な判断にまかせられるという、自由心証主義を採用している（刑事訴訟法318条、民事訴訟法247条）。

2 法の解釈

法を適用するにあたり、法は解釈によってその規範内容が明らかにされなけばならない。たとえば、殺人罪における「人」とは誰か、民法中の「過失」とは何かなどを明らかにすることである。法の解釈は、とくに具体的事件を解決する場合に重要となり、裁判所が法解釈における重要な機関となる。このことは、法

治主義の下で国家活動が規律される限り必要不可欠のことといえる。

　法の解釈には解釈をする者の価値判断が介入することは避けることができない。真理という意味での「正しい解釈」というものはみられず、「妥当な解釈」ないし「正当な解釈」というものが求められることになる。

③ 法解釈の種類

　法解釈の方法をめぐり、かつては概念法学と自由法学という二つの考え方の対立などがあったが、裁判官の法創造的はたらきを認めるかどうか、法の欠缺にどのように対処するか、そして具体的妥当性と法的安定性のバランスをどのように図るかが検討課題となることだけを指摘しておく。ここでは解釈の種類を中心にみよう。

　法解釈は、大きく有権解釈と学理解釈に分けられる。

Ｉ　有権解釈

　有権解釈とは、国家機関によって行われる解釈であり、学理解釈と異なって現実に拘束力のある解釈である。この解釈にはそれを行う機関によって三つに分けることができる。

　①立法解釈　　通常、国会が法律を制定することによって行う解釈をいう。たとえば、民法は、法律の制定によって日常生活に関する規定内容につき憲法を解釈したものである。

　なお、内閣による政令（憲法73条6号）や最高裁判所による規則制定（同77条）のように国会以外の機関によって行われる場合もある。

　②行政解釈　　行政機関が、通達などによって行う解釈をい

う。

③司法解釈　　裁判所が、判決や決定によって行う解釈をいう。

2　学理解釈

学理解釈とは、学説による法の解釈をいい、次の二つに分けられる。

①文理解釈　　法規の文言の意味を明らかにすることによって、法規の意味、内容を確定する方法である。しかし、文字にのみこだわることは避けなけれぱならない。

たとえば、婚姻をした未成年者が成年とみなされる（民法753条）場合、成年として扱われる未成年者が飲酒できるかというと、それは認められない。このように、文言が同じであってもそれぞれの法律の趣旨に沿った解釈が行われなければならない。

②論理解釈　　上記のことから、法規の文言にこだわることなく、法の目的、趣旨、他の法規との関係などを考慮にいれて法を解釈する方法が必要となる。これを論理解釈という。この解釈の仕方には次のような種類がある。

（ⅰ）類推解釈　　ある事項について明文の定めがないときに、類似の事柄を定めた他の規定をその事項に適用することをいう。たとえば、男性に関する規定はあるが女性に関する規定がないというような場合、男女の差異を考慮しながら人としての共通性に着目して男性に関する規定を女性に適用するような場合である。

（ⅱ）反対解釈　　これに対し、ある事項について明文がないときに、明文のある事項から反対の結論をひきだす方法があり、類推解釈とは逆の方法になる。類推解釈の例でいえば、

男性と女性は異なるから、男性に関する規定は女性には適用されないことになる。

　類推解釈は、明文の規定を設けなかった場合でも規定されている事項と同様に扱おうとする考え方であるのに対し、反対解釈は、明文がない場合には明文がある場合とは区別して取扱おうとする考慮が働いている。

(ⅲ) 拡張解釈　　法規の文言を、それが普通もっている意味よりも広く解釈する方法をいう。たとえば、法律婚を採用する民法の解釈において、妻というときに内縁の妻も含める場合である。

(ⅳ) 縮小解釈　　法規の文言を、それが普通もっている意味よりも狭く解釈する方法をいう。たとえば、旧刑法200条「配偶者ノ直系尊属」には亡夫の直系尊属は含まれないとする判例（最判昭32.2.2）がある。

附　録

日本国憲法

昭和21年11月　3日公布
昭和22年 5月　3日施行

　朕は、日本国民の総意に基いて、新日本建設の礎が、定まるに至つたことを、深くよろこび、枢密顧問の諮詢及び帝国憲法第73条による帝国議会の議決を経た帝国憲法の改正を裁可し、ここにこれを公布せしめる。

　御名御璽

　昭和21年11月3日

内閣総理大臣兼			
外　務　大　臣		吉　田　　　茂	
国　務　大　臣	男爵	幣　原　喜重郎	
司　法　大　臣		木　村　篤太郎	
内　務　大　臣		大　村　清　一	
文　部　大　臣		田　中　耕太郎	
農　林　大　臣		和　田　博　雄	
国　務　大　臣		斎　藤　隆　夫	
逓　信　大　臣		一　松　定　吉	
商　工　大　臣		星　島　二　郎	
厚　生　大　臣		河　合　良　成	
国　務　大　臣		植　原　悦二郎	
運　輸　大　臣		平　塚　常次郎	
大　蔵　大　臣		石　橋　湛　山	
国　務　大　臣		金　森　徳次郎	
国　務　大　臣		膳　　　桂之助	

　日本国憲法

　日本国民は、正当に選挙された国会における代表者を通じて行動し、われらとわれらの子孫のために、諸国民との協和による成果と、わが国全土にわたつて自由のもたらす恵沢を確保し、政府の行為によつて再び戦争の惨禍が起ることのないやうにすることを決意し、ここに主権が国民に存することを宣言し、この憲法を確定する。そもそも国政は、国民の厳粛な信託によるも

のであつて、その権威は国民に由来し、その権力は国民の代表者がこれを行使し、その福利は国民がこれを享受する。これは人類普遍の原理であり、この憲法は、かかる原理に基くものである。われらは、これに反する一切の憲法、法令及び詔勅を排除する。

日本国民は、恒久の平和を念願し、人間相互の関係を支配する崇高な理想を深く自覚するのであつて、平和を愛する諸国民の公正と信義に信頼して、われらの安全と生存を保持しようと決意した。われらは、平和を維持し、専制と隷従、圧迫と偏狭を地上から永遠に除去しようと努めてゐる国際社会において、名誉ある地位を占めたいと思ふ。われらは、全世界の国民が、ひとしく恐怖と欠乏から免かれ、平和のうちに生存する権利を有することを確認する。

われらは、いづれの国家も、自国のことのみに専念して他国を無視してはならないのであつて、政治道徳の法則は、普遍的なものであり、この法則に従ふことは、自国の主権を維持し、他国と対等関係に立たうとする各国の責務であると信ずる。

日本国民は、国家の名誉にかけ、全力をあげてこの崇高な理想と目的を達成することを誓ふ。

第1章 天 皇

〔天皇の地位、国民主権〕

第1条 天皇は、日本国の象徴であり日本国民統合の象徴であつて、この地位は、主権の存する日本国民の総意に基く。

〔皇位の世襲〕

第2条 皇位は、世襲のものであつて、国会の議決した皇室典範の定めるところにより、これを継承する。

〔内閣の助言と承認、内閣の責任〕

第3条 天皇の国事に関するすべての行為には、内閣の助言と承認を必要とし、内閣が、その責任を負ふ。

〔天皇の権能、国事行為の委任〕

第4条 天皇は、この憲法の定める国事に関する行為のみを行ひ、国政に関する権能を有しない。

② 天皇は、法律の定めるところにより、その国事に関する行為を委任することができる。

〔摂　政〕

第5条　皇室典範の定めるところにより摂政を置くときは、摂政は、天皇の名でその国事に関する行為を行ふ。この場合には、前条第1項の規定を準用する。

〔任命行為〕

第6条　天皇は、国会の指名に基いて、内閣総理大臣を任命する。

②　天皇は、内閣の指名に基いて、最高裁判所の長たる裁判官を任命する。

〔国事行為〕

第7条　天皇は、内閣の助言と承認により、国民のために、左の国事に関する行為を行ふ。

一　憲法改正、法律、政令及び条約を公布すること。

二　国会を召集すること。

三　衆議院を解散すること。

四　国会議員の総選挙の施行を公示すること。

五　国務大臣及び法律の定めるその他の官吏の任免並びに全権委任状及び大使及び公使の信任状を認証すること。

六　大赦、特赦、減刑、刑の執行の免除及び復権を認証すること。

七　栄典を授与すること。

八　批准書及び法律の定めるその他の外交文書を認証すること。

九　外国の大使及び公使を接受すること。

十　儀式を行ふこと。

〔財産授受の制限〕

第8条　皇室に財産を譲り渡し、又は皇室が、財産を譲り受け、若しくは賜与することは、国会の議決に基かなければならない。

第2章　戦争の放棄

〔戦争の放棄、戦力及び交戦権の否認〕

第9条　日本国民は、正義と秩序を基調とする国際平和を誠実に希求し、国権の発動たる戦争と、武力による威嚇又は武力の行使は、国際紛争を解決する手段としては、永久にこれを放棄する。

②　前項の目的を達するため、陸海空軍その他の戦力は、これを保持しない。国の交戦権は、これを認めない。

第3章　国民の権利及び義務

〔国民の要件〕

第10条　日本国民たる要件は、法律でこれを定める。

〔基本的人権〕

第11条　国民は、すべての基本的人権の享有を妨げられない。この憲法が国民に保障する基本的人権は、侵すことのできない永久の権利として、現在及び将来の国民に与へられる。

〔自由及び権利の保持責任、濫用の禁止〕

第12条　この憲法が国民に保障する自由及び権利は、国民の不断の努力によつて、これを保持しなければならない。又、国民は、これを濫用してはならないのであつて、常に公共の福祉のためにこれを利用する責任を負ふ。

〔個人の尊重、幸福追求権〕

第13条　すべて国民は、個人として尊重される。生命、自由及び幸福追求に対する国民の権利については、公共の福祉に反しない限り、立法その他の国政の上で、最大の尊重を必要とする。

〔法の下の平等〕

第14条　すべて国民は、法の下に平等であつて、人種、信条、性別、社会的身分又は門地により、政治的、経済的又は社会的関係において、差別されない。

②　華族その他の貴族の制度は、これを認めない。

③　栄誉、勲章その他の栄典の授与は、いかなる特権も伴はない。栄典の授与は、現にこれを有し、又は将来これを受ける者の一代に限り、その効力を有する。

〔公務員の選定罷免権、普通選挙の保障及び秘密投票の保障〕

第15条　公務員を選定し、及びこれを罷免することは、国民固有の権利である。

②　すべて公務員は、全体の奉仕者であつて、一部の奉仕者ではない。

③　公務員の選挙については、成年者による普通選挙を保障する。

④　すべて選挙における投票の秘密は、これを侵してはならない。選挙人は、その選択に関し公的にも私的にも責任を問はれない。

〔請願権〕

第16条　何人も、損害の救済、公務員の罷免、法律、命令又は規則の制定、廃止又は改正その他の事項に関し、平穏に請願する権利を有し、何人も、

かかる請願をしたためにいかなる差別待遇も受けない。

〔国家賠償請求権〕

第17条　何人も、公務員の不法行為により、損害を受けたときは、法律の定めるところにより、国又は公共団体に、その賠償を求めることができる。

〔奴隷的拘束及び苦役の禁止〕

第18条　何人も、いかなる奴隷的拘束も受けない。又、犯罪に因る処罰の場合を除いては、その意に反する苦役に服させられない。

〔思想及び良心の自由〕

第19条　思想及び良心の自由は、これを侵してはならない。

〔信教の自由、政教分離〕

第20条　信教の自由は、何人に対してもこれを保障する。いかなる宗教団体も、国から特権を受け、又は政治上の権力を行使してはならない。

②　何人も、宗教上の行為、祝典、儀式又は行事に参加することを強制されない。

③　国及びその機関は、宗教教育その他いかなる宗教的活動もしてはならない。

〔集会、結社及び表現の自由、通信の秘密〕

第21条　集会、結社及び言論、出版その他一切の表現の自由は、これを保障する。

②　検閲は、これをしてはならない。通信の秘密は、これを侵してはならない。

〔居住・移転・職業選択の自由、外国移住・国籍離脱の自由〕

第22条　何人も、公共の福祉に反しない限り、居住、移転及び職業選択の自由を有する。

②　何人も、外国に移住し、又は国籍を離脱する自由を侵されない。

〔学問の自由〕

第23条　学問の自由は、これを保障する。

〔家族生活における個人の尊厳と両性の平等〕

第24条　婚姻は、両性の合意のみに基いて成立し、夫婦が同等の権利を有することを基本として、相互の協力により、維持されなければならない。

②　配偶者の選択、財産権、相続、住居の選定、離婚並びに婚姻及び家族に関するその他の事項に関しては、法律は、個人の尊厳と両性の本質的平等に立脚して、制定されなければならない。

〔生存権、国の責務〕

第25条　すべて国民は、健康で文化的な最低限度の生活を営む権利を有する。

②　国は、すべての生活部面について、社会福祉、社会保障及び公衆衛生の向上及び増進に努めなければならない。

〔教育を受ける権利、教育の義務〕

第26条　すべて国民は、法律の定めるところにより、その能力に応じて、ひとしく教育を受ける権利を有する。

②　すべて国民は、法律の定めるところにより、その保護する子女に普通教育を受けさせる義務を負ふ。義務教育は、これを無償とする。

〔勤労の権利と義務、勤労条件の基準の法定、児童酷使の禁止〕

第27条　すべて国民は、勤労の権利を有し、義務を負ふ。

②　賃金、就業時間、休息その他の勤労条件に関する基準は、法律でこれを定める。

③　児童は、これを酷使してはならない。

〔労働基本権〕

第28条　勤労者の団結する権利及び団体交渉その他の団体行動をする権利は、これを保障する。

〔財産権〕

第29条　財産権は、これを侵してはならない。

②　財産権の内容は、公共の福祉に適合するやうに、法律でこれを定める。

③　私有財産は、正当な補償の下に、これを公共のために用ひることができる。

〔納税の義務〕

第30条　国民は、法律の定めるところにより、納税の義務を負ふ。

〔適正手続〕

第31条　何人も、法律の定める手続によらなければ、その生命若しくは自由を奪はれ、又はその他の刑罰を科せられない。

〔裁判を受ける権利〕

第32条　何人も、裁判所において裁判を受ける権利を奪はれない。

〔逮捕令状主義〕

第33条　何人も、現行犯として逮捕される場合を除いては、権限を有する司法官憲が発し、且つ理由となつてゐる犯罪を明示する令状によらなければ、逮捕されない。

〔弁護人依頼権と拘禁理由の開示〕

第34条　何人も、理由を直ちに告げられ、且つ、直ちに弁護人に依頼する権利を与へられなければ、抑留又は拘禁されない。又、何人も、正当な理由がなければ、拘禁されず、要求があれば、その理由は、直ちに本人及びその弁護人の出席する公開の法廷で示されなければならない。

〔住居の不可侵、捜索令状主義〕

第35条　何人も、その住居、書類及び所持品について、侵入、捜索及び押収を受けることのない権利は、第33条の場合を除いては、正当な理由に基いて発せられ、且つ捜索する場所及び押収する物を明示する令状がなければ、侵されない。

②　捜索又は押収は、権限を有する司法官憲が発する各別の令状により、これを行ふ。

〔拷問及び残虐な刑罰の禁止〕

第36条　公務員による拷問及び残虐な刑罰は、絶対にこれを禁ずる。

〔刑事被告人の権利〕

第37条　すべて刑事事件においては、被告人は、公平な裁判所の迅速な公開裁判を受ける権利を有する。

②　刑事被告人は、すべての証人に対して審問する機会を充分に与へられ、又、公費で自己のために強制的手続により証人を求める権利を有する。

③　刑事被告人は、いかなる場合にも、資格を有する弁護人を依頼することができる。被告人が自らこれを依頼することができないときは、国でこれを附する。

〔自白強要の禁止、自白の証拠能力〕

第38条　何人も、自己に不利益な供述を強要されない。

②　強制、拷問若しくは脅迫による自白又は不当に長く抑留若しくは拘禁された後の自白は、これを証拠とすることができない。

③　何人も、自己に不利益な唯一の証拠が本人の自白である場合には、有罪とされ、又は刑罰を科せられない。

〔事後立法の禁止、一事不再理・二重の危険の禁止〕

第39条　何人も、実行の時に適法であつた行為又は既に無罪とされた行為については、刑事上の責任を問はれない。又、同一の犯罪について、重ねて刑事上の責任を問はれない。

〔刑事補償請求権〕

第40条　何人も、抑留又は拘禁された後、無罪の裁判を受けたときは、法

律の定めるところにより、国にその補償を求めることができる。

第4章　国　会

〔国権の最高機関、唯一の立法機関〕

第41条　国会は、国権の最高機関であつて、国の唯一の立法機関である。

〔二院制〕

第42条　国会は、衆議院及び参議院の両議院でこれを構成する。

〔両議院の組織〕

第43条　両議院は、全国民を代表する選挙された議員でこれを組織する。

②　両議院の議員の定数は、法律でこれを定める。

〔議員及び選挙人の資格〕

第44条　両議院の議員及びその選挙人の資格は、法律でこれを定める。但し、人種、信条、性別、社会的身分、門地、教育、財産又は収入によつて差別してはならない。

〔衆議院議員の任期〕

第45条　衆議院議員の任期は、四年とする。但し、衆議院解散の場合には、その期間満了前に終了する。

〔参議院議員の任期〕

第46条　参議院議員の任期は、六年とし、三年ごとに議員の半数を改選する。

〔選挙に関する事項の法定〕

第47条　選挙区、投票の方法その他両議院の議員の選挙に関する事項は、法律でこれを定める。

〔兼職禁止〕

第48条　何人も、同時に両議院の議員たることはできない。

〔議員歳費〕

第49条　両議院の議員は、法律の定めるところにより、国庫から相当額の歳費を受ける。

〔不逮捕特権〕

第50条　両議院の議員は、法律の定める場合を除いては、国会の会期中逮捕されず、会期前に逮捕された議員は、その議院の要求があれば、会期中これを釈放しなければならない。

〔免責特権〕

第51条　両議院の議員は、議院で行つた演説、討論又は表決について、院

外で責任を問はれない。

〔常会〕

第52条　国会の常会は、毎年一回これを召集する。

〔臨時会〕

第53条　内閣は、国会の臨時会の召集を決定することができる。いづれか
の議院の総議員の四分の一以上の要求があれば、内閣は、その召集を決定
しなければならない。

〔衆議院の解散、特別会、参議院の緊急集会〕

第54条　衆議院が解散されたときは、解散の日から四十日以内に、衆議院
議員の総選挙を行ひ、その選挙の日から三十日以内に、国会を召集しなけ
ればならない。

②　衆議院が解散されたときは、参議院は、同時に閉会となる。但し、内閣
は、国に緊急の必要があるときは、参議院の緊急集会を求めることができ
る。

③　前項但書の緊急集会において採られた措置は、臨時のものであつて、次
の国会開会の後十日以内に、衆議院の同意がない場合には、その効力を失
ふ。

〔資格争訟〕

第55条　両議院は、各々その議員の資格に関する争訟を裁判する。但し、
議員の議席を失はせるには、出席議員の三分の二以上の多数による議決を
必要とする。

〔議事の定足数、表決〕

第56条　両議院は、各々その総議員の三分の一以上の出席がなければ、議
事を開き議決することができない。

②　両議院の議事は、この憲法に特別の定のある場合を除いては、出席議員
の過半数でこれを決し、可否同数のときは、議長の決するところによる。

〔会議の公開、秘密会〕

第57条　両議院の会議は、公開とする。但し、出席議員の三分の二以上の
多数で議決したときは、秘密会を開くことができる。

②　両議院は、各々その会議の記録を保存し、秘密会の記録の中で特に秘密
を要すると認められるもの以外は、これを公表し、且つ一般に頒布しなけ
ればならない。

③　出席議員の五分の一以上の要求があれば、各議員の表決は、これを会議
録に記載しなければならない。

〔役員の選任、規則制定権〕

第58条　両議院は、各々その議長その他の役員を選任する。

② 両議院は、各々その会議その他の手続及び内部の規律に関する規則を定め、又、院内の秩序をみだした議員を懲罰することができる。但し、議員を除名するには、出席議員の三分の二以上の多数による議決を必要とする。

〔法律案の議決、衆議院の優越〕

第59条　法律案は、この憲法に特別の定のある場合を除いては、両議院で可決したとき法律となる。

② 衆議院で可決し、参議院でこれと異なつた議決をした法律案は、衆議院で出席議員の三分の二以上の多数で再び可決したときは、法律となる。

③ 前項の規定は、法律の定めるところにより、衆議院が、両議院の協議会を開くことを求めることを妨げない。

④ 参議院が、衆議院の可決した法律案を受け取つた後、国会休会中の期間を除いて六十日以内に、議決しないときは、衆議院は、参議院がその法律案を否決したものとみなすことができる。

〔衆議院の予算先議権と衆議院の優越〕

第60条　予算は、さきに衆議院に提出しなければならない。

② 予算について、参議院で衆議院と異なつた議決をした場合に、法律の定めるところにより、両議院の協議会を開いても意見が一致しないとき、又は参議院が、衆議院の可決した予算を受け取つた後、国会休会中の期間を除いて三十日以内に、議決しないときは、衆議院の議決を国会の議決とする。

〔条約締結の承認と衆議院の優越〕

第61条　条約の締結に必要な国会の承認については、前条第二項の規定を準用する。

〔議院の国政調査権〕

第62条　両議院は、各々国政に関する調査を行ひ、これに関して、証人の出頭及び証言並びに記録の提出を要求することができる。

〔国務大臣の議院出席〕

第63条　内閣総理大臣その他の国務大臣は、両議院の一に議席を有すると有しないとにかかはらず、何時でも議案について発言するため議院に出席することができる。又、答弁又は説明のため出席を求められたときは、出席しなければならない。

〔弾劾裁判所〕

第64条　国会は、罷免の訴追を受けた裁判官を裁判するため、両議院の議員で組織する弾劾裁判所を設ける。

②　弾劾に関する事項は、法律でこれを定める。

第5章　内　閣

〔行政権〕

第65条　行政権は、内閣に属する。

〔内閣の組織と責任、文民要件〕

第66条　内閣は、法律の定めるところにより、その首長たる内閣総理大臣及びその他の国務大臣でこれを組織する。

②　内閣総理大臣その他の国務大臣は、文民でなければならない。

③　内閣は、行政権の行使について、国会に対し連帯して責任を負ふ。

〔内閣総理大臣の指名と衆議院の優越〕

第67条　内閣総理大臣は、国会議員の中から国会の議決で、これを指名する。この指名は、他のすべての案件に先だつて、これを行ふ。

②　衆議院と参議院とが異なつた指名の議決をした場合に、法律の定めるところにより、両議院の協議会を開いても意見が一致しないとき、又は衆議院が指名の議決をした後、国会休会中の期間を除いて十日以内に、参議院が、指名の議決をしないときは、衆議院の議決を国会の議決とする。

〔国務大臣の任免〕

第68条　内閣総理大臣は、国務大臣を任命する。但し、その過半数は、国会議員の中から選ばれなければならない。

②　内閣総理大臣は、任意に国務大臣を罷免することができる。

〔内閣不信任決議と解散又は総辞職〕

第69条　内閣は、衆議院で不信任の決議案を可決し、又は信任の決議案を否決したときは、十日以内に衆議院が解散されない限り、総辞職をしなければならない。

〔内閣総理大臣の欠缺又は総選挙後の総辞職〕

第70条　内閣総理大臣が欠けたとき、又は衆議院議員総選挙の後に初めて国会の召集があつたときは、内閣は、総辞職をしなければならない。

〔総辞職後の内閣の職務〕

第71条　前二条の場合には、内閣は、あらたに内閣総理大臣が任命されるまで引き続きその職務を行ふ。

〔内閣総理大臣の職務権限〕

第72条　内閣総理大臣は、内閣を代表して議案を国会に提出し、一般国務及び外交関係について国会に報告し、並びに行政各部を指揮監督する。

〔内閣の事務〕

第73条　内閣は、他の一般行政事務の外、左の事務を行ふ。

一　法律を誠実に執行し、国務を総理すること。

二　外交関係を処理すること。

三　条約を締結すること。但し、事前に、時宜によつては事後に、国会の承認を経ることを必要とする。

四　法律の定める基準に従ひ、官吏に関する事務を掌理すること。

五　予算を作成して国会に提出すること。

六　この憲法及び法律の規定を実施するために、政令を制定すること。但し、政令には、特にその法律の委任がある場合を除いては、罰則を設けることができない。

七　大赦、特赦、減刑、刑の執行の免除及び復権を決定すること。

〔法律及び政令への署名・連署〕

第74条　法律及び政令には、すべて主任の国務大臣が署名し、内閣総理大臣が連署することを必要とする。

〔国務大臣の訴追〕

第75条　国務大臣は、その在任中、内閣総理大臣の同意がなければ、訴追されない。但し、これがため、訴追の権利は、害されない。

第6章　司　法

〔司法権、裁判所、裁判官の独立〕

第76条　すべて司法権は、最高裁判所及び法律の定めるところにより設置する下級裁判所に属する。

②　特別裁判所は、これを設置することができない。行政機関は、終審として裁判を行ふことができない。

③　すべて裁判官は、その良心に従ひ独立してその職権を行ひ、この憲法及び法律にのみ拘束される。

〔規則制定権〕

第77条　最高裁判所は、訴訟に関する手続、弁護士、裁判所の内部規律及び司法事務処理に関する事項について、規則を定める権限を有する。

②　検察官は、最高裁判所の定める規則に従はなければならない。

③　最高裁判所は、下級裁判所に関する規則を定める権限を、下級裁判所に
委任することができる。

〔裁判官の身分保障〕

第78条　裁判官は、裁判により、心身の故障のために職務を執ることがで
きないと決定された場合を除いては、公の弾劾によらなければ罷免されな
い。裁判官の懲戒処分は、行政機関がこれを行ふことはできない。

〔最高裁判所の構成、国民審査〕

第79条　最高裁判所は、その長たる裁判官及び法律の定める員数のその他
の裁判官でこれを構成し、その長たる裁判官以外の裁判官は、内閣でこれ
を任命する。

②　最高裁判所の裁判官の任命は、その任命後初めて行はれる衆議院議員総
選挙の際国民の審査に付し、その後十年を経過した後初めて行はれる衆議
院議員総選挙の際更に審査に付し、その後も同様とする。

③　前項の場合において、投票者の多数が裁判官の罷免を可とするときは、
その裁判官は、罷免される。

④　審査に関する事項は、法律でこれを定める。

⑤　最高裁判所の裁判官は、法律の定める年齢に達した時に退官する。

⑥　最高裁判所の裁判官は、すべて定期に相当額の報酬を受ける。この報酬
は、在任中、これを減額することができない。

〔下級裁判所の裁判官の任命、任期、報酬〕

第80条　下級裁判所の裁判官は、最高裁判所の指名した者の名簿によつて、
内閣でこれを任命する。その裁判官は、任期を十年とし、再任されること
ができる。但し、法律の定める年齢に達した時には退官する。

②　下級裁判所の裁判官は、すべて定期に相当額の報酬を受ける。この報酬
は、在任中、これを減額することができない。

〔違憲立法審査権〕

第81条　最高裁判所は、一切の法律、命令、規則又は処分が憲法に適合す
るかしないかを決定する権限を有する終審裁判所である。

〔裁判の公開〕

第82条　裁判の対審及び判決は、公開法廷でこれを行ふ。

②　裁判所が、裁判官の全員一致で、公の秩序又は善良の風俗を害する虞が
あると決した場合には、対審は、公開しないでこれを行ふことができる。
但し、政治犯罪、出版に関する犯罪又はこの憲法第3章で保障する国民の
権利が問題となつてゐる事件の対審は、常にこれを公開しなければならな

い。

第7章　財　政

〔財政処理の権限〕

第83条　国の財政を処理する権限は、国会の議決に基いて、これを行使しなければならない。

〔租税法律主義〕

第84条　あらたに租税を課し、又は現行の租税を変更するには、法律又は法律の定める条件によることを必要とする。

〔国費支出、債務負担〕

第85条　国費を支出し、又は国が債務を負担するには、国会の議決に基くことを必要とする。

〔予算の作成と議決〕

第86条　内閣は、毎会計年度の予算を作成し、国会に提出して、その審議を受け議決を経なければならない。

〔予備費〕

第87条　予見し難い予算の不足に充てるため、国会の議決に基いて予備費を設け、内閣の責任でこれを支出することができる。

②　すべて予備費の支出については、内閣は、事後に国会の承諾を得なければならない。

〔皇室財産及び皇室費用〕

第88条　すべて皇室財産は、国に属する。すべて皇室の費用は、予算に計上して国会の議決を経なければならない。

〔公の財産の支出利用禁止〕

第89条　公金その他の公の財産は、宗教上の組織若しくは団体の使用、便益若しくは維持のため、又は公の支配に属しない慈善、教育若しくは博愛の事業に対し、これを支出し、又はその利用に供してはならない。

〔決算、会計検査院〕

第90条　国の収入支出の決算は、すべて毎年会計検査院がこれを検査し、内閣は、次の年度に、その検査報告とともに、これを国会に提出しなければならない。

②　会計検査院の組織及び権限は、法律でこれを定める。

〔財政状況の報告〕

第91条　内閣は、国会及び国民に対し、定期に、少くとも毎年一回、国の

財政状況について報告しなければならない。

第8章　地方自治
〔地方自治の基本原則〕
第92条　地方公共団体の組織及び運営に関する事項は、地方自治の本旨に基いて、法律でこれを定める。
〔地方公共団体の機関とその直接選挙〕
第93条　地方公共団体には、法律の定めるところにより、その議事機関として議会を設置する。
②　地方公共団体の長、その議会の議員及び法律の定めるその他の吏員は、その地方公共団体の住民が、直接これを選挙する。
〔地方公共団体の権能、条例制定権〕
第94条　地方公共団体は、その財産を管理し、事務を処理し、及び行政を執行する権能を有し、法律の範囲内で条例を制定することができる。
〔地方自治特別法〕
第95条　一の地方公共団体のみに適用される特別法は、法律の定めるところにより、その地方公共団体の住民の投票においてその過半数の同意を得なければ、国会は、これを制定することができない。

第9章　改　正
〔憲法改正手続〕
第96条　この憲法の改正は、各議院の総議員の三分の二以上の賛成で、国会が、これを発議し、国民に提案してその承認を経なければならない。この承認には、特別の国民投票又は国会の定める選挙の際行はれる投票において、その過半数の賛成を必要とする。
②　憲法改正について前項の承認を経たときは、天皇は、国民の名で、この憲法と一体を成すものとして、直ちにこれを公布する。

第10章　最高法規
〔基本的人権の本質〕
第97条　この憲法が日本国民に保障する基本的人権は、人類の多年にわたる自由獲得の努力の成果であつて、これらの権利は、過去幾多の試錬に堪へ、現在及び将来の国民に対し、侵すことのできない永久の権利として信託されたものである。

〔憲法の最高法規性、条約・国際法規の遵守〕

第98条　この憲法は、国の最高法規であつて、その条規に反する法律、命令、詔勅及び国務に関するその他の行為の全部又は一部は、その効力を有しない。

②　日本国が締結した条約及び確立された国際法規は、これを誠実に遵守することを必要とする。

〔憲法尊重擁護義務〕

第99条　天皇又は摂政及び国務大臣、国会議員、裁判官その他の公務員は、この憲法を尊重し擁護する義務を負ふ。

第11章　補　則

〔施行期日〕

第100条　この憲法は、公布の日から起算して六箇月を経過した日から、これを施行する。

②　この憲法を施行するために必要な法律の制定、参議院議員の選挙及び国会召集の手続並びにこの憲法を施行するために必要な準備手続は、前項の期日よりも前に、これを行ふことができる。

〔経過規定〕

第101条　この憲法施行の際、参議院がまだ成立してゐないときは、その成立するまでの間、衆議院は、国会としての権限を行ふ。

〔第一期参議院議員の任期〕

第102条　この憲法による第一期の参議院議員のうち、その半数の者の任期は、これを三年とする。その議員は、法律の定めるところにより、これを定める。

〔公務員の地位に関する経過規定〕

第103条　この憲法施行の際現に在職する国務大臣、衆議院議員及び裁判官並びにその他の公務員で、その地位に相応する地位がこの憲法で認められてゐる者は、法律で特別の定をした場合を除いては、この憲法施行のため、当然にはその地位を失ふことはない。但し、この憲法によつて、後任者が選挙又は任命されたときは、当然その地位を失ふ。

著者紹介

柏﨑　敏義（かしわざき　としよし）

東京理科大学名誉教授

憲法・法学講義【改訂版】

2013 年 4 月 5 日　初版発行
2022 年 3 月15日　改訂版発行
2023 年 4 月15日　改訂版第 2 刷発行

定価はカバーに表示
してあります

著　者　　柏　　﨑　　敏　　義
発行者　　竹　　内　　基　　雄
発行所　　株式会社　敬　文　堂
〒162-0041　東京都新宿区早稲田鶴巻町538
電話　(03)3203-6161
FAX　(03)3204-0161

落丁・乱丁本
は，お取替え
いたします。

ISBN 978-4-7670-0248-4　C 3032

© 2022, T. Kashiwazaki　印刷・製本／シナノ印刷株式会社
Prinred in Japan　　　　カバー装丁／リリーフ・システムズ